Dina Knorr

111 Orte im Sauerland, die man gesehen haben muss

111

emons:

Bibliografische Information der Deutschen Nationalbibliothek
Die Deutsche Nationalbibliothek verzeichnet diese Publikation in der Deutschen Nationalbibliografie; detaillierte bibliografische Daten sind im Internet über http://dnb.d-nb.de abrufbar.

FSC
www.fsc.org
MIX
Papier | Fördert gute Waldnutzung
FSC® C083411

Layout: Eva Kraskes, nach einem Konzept von Lübbeke | Naumann | Thoben
Kartografie: altancicek.design, www.altancicek.de
Kartenbasisinformationen aus Openstreetmap,
© OpenStreetMap-Mitwirkende, ODbL
Druck und Bindung: CPI – Clausen & Bosse, Leck
Printed in Germany 2023
ISBN 978-3-7408-1509-7

Vorwort

Das Sauerland wird gerne auch als das »Land der tausend Berge« bezeichnet. Dabei ist es viel mehr als das. Neben aussichtsreichen Bergspitzen, idyllischen Tälern, tiefblauen Stauseen und kristallklaren Bächen gibt es malerische Fachwerkdörfer, geschichtsträchtige Gebäude, liebevoll gestaltete Museen, beeindruckende Denkmäler, charmante Schlösser und rustikale Burgen. Dazu kommen außergewöhnliche Restaurants, Cafés und Übernachtungsmöglichkeiten. Während Sportler in abwechslungsreichen Outdoor-Sportstudios auf ihre Kosten kommen, finden Familien mit Kindern im Sauerland ebenso genau die richtigen Einrichtungen, um vergnügte Stunden an der frischen Luft zu verbringen.

Unterwegs im Sauerland wird es nie langweilig, denn das Sauerland erzählt Geschichten. Manche sind sagenhaft und berichten von Gespenstern, Zwergen und Hollen, andere basieren auf wahren Begebenheiten des dunklen Mittelalters. Wer durch die Region reist, entdeckt immer wieder kuriose Automaten, an denen 24 Stunden am Tag eingekauft werden kann, und in manch seltsamem Erdloch findet man sogar kalte Getränke. Auch Kunst ist ein weit verbreitetes Thema in der Region. Mal schwimmt eine Meerjungfrau in der Ruhr, dann stehen Miniaturnachbauten eines Dorfes mitten im Wald. Im Sauerland gibt es sprechende Straßennamen, und nicht zuletzt sorgt mancher Ortsname für ein Schmunzeln, während man das Ortseingangsschild passiert. Die zweitlängste Bank, der höchste Strand, die größte Wanderkarte, der größte Stuhl, das kleinste Museum, Superlative gibt es hier viele, und sie reichen bis zur längsten Theke.

Neugierig geworden? Dann auf zum 360-Grad-Sofa, dem schönsten Ort, um dieses Buch zu lesen und anschließend die Region zu erkunden. Wo das steht? Die Lösung ist natürlich auch hier drin versteckt.

111 Orte

Faulebutter

1 Das Ehmsendenkmal

Der romantische Tempel auf dem Berg

Schon von Weitem ist der weiß strahlende Pavillon sichtbar. Er wirkt wie ein kleiner Tempel, der aus Kaiserzeiten zu stammen scheint. Anmutig erhebt er sich am Berghang aus dem Wald heraus über die Stadt Arnsberg und bietet von seinem Standort einen einzigartigen Ausblick über den Ort, die historische Altstadt und die Ruhr.

Erbaut wurde das Denkmal in den Jahren 1895 bis 1897 zu Ehren des ehemaligen Forstrats Ernst Ehmsen. Der gebürtige Rendsburger gelangte 1884 als Forstmeister nach Arnsberg. 1890 gründete er zusammen mit dem Arnsberger Geschichtsschreiber Karl Feáux de Lacroix den Sauerländischen Touristenverein, aus dem ein Jahr später der noch heute existierende Sauerländische Gebirgsverein (SGV) hervorging. Ernst Ehmsen hatte außerdem die Idee, ein Denkmal und einen Aussichtsturm auf dem Schlossberg zu bauen; doch diese Idee wurde erst nach seinem Tode realisiert. Statt auf dem Schlossberg entstand das Gebäude allerdings im Eichholz, einem Waldstück am südlichen Rand Arnsbergs, um eine bessere Verbindung zwischen Denkmal und Natur zu schaffen.

Die Pläne für den Bau wurden von dem Berliner Architekten Wellermann gezeichnet. Durch seine bezaubernde Erscheinung mit den spitzen Türmchen in Zapfenform, der Kuppel auf dem Dach, den angedeuteten Zinnen, den hübschen Rundbögen und dem vorgebauten Aussichtsbalkon könnte das Ehmsendenkmal auch eine winzige Burganlage sein. Der hübsche Platz lädt auf jeden Fall zu verträumten und romantischen Stunden zu zweit ein. Am Abend ist das Bauwerk beleuchtet und somit auch von weiter unten betrachtet ein Hingucker.

Das Ehmsendenkmal wird gerne auch als »Flüsterhäuschen« bezeichnet, da es über eine ganz besondere Akustik verfügt. Wenn sich zwei Personen mit dem Gesicht zur Wand in die diagonal gegenüberliegenden Ecken stellen und flüstern, können sie das Phänomen experimentell ergründen.

Adresse Laurentiusstraße, 59821 Arnsberg (Parkplatz Sauerlandtheater, Feauxweg 9) | ÖPNV Buslinien C 1, C 3, C 10, S 10, R 22, R 71, N 4, N 5, 548, 414 bis Arnsberg Neumarkt, weiter zu Fuß über die Klosterstraße bergauf und dem Straßenverlauf (später nur noch Fußweg) bis zum Ziel folgen | Tipp Romantisch wird es auch auf dem Poesiepfad Arnsberg. Auf dem zwei Kilometer langen Rundweg durchs Mühlenbachtal begleiten den Wanderer poetische, der jeweiligen Jahreszeit angepasste Texte (www.poesiepfad.de).

2 Die Gartenhäuser

Pisa trifft Preußen – die schiefe Geradlinigkeit

Es ist über 200 Jahre her, da wurde Arnsberg zum Regierungssitz von Preußen, und rund um den Neumarkt entstand ein preußisches Regierungsviertel. Viele preußische Beamte zogen nach Arnsberg, für die eine Vielzahl neuer Häuser gebaut wurde. Allerdings waren die Grundstücke in der Königsstraße sehr schmal, und so wurde es den neuen Bürgern ermöglicht, die hinter ihren Häusern liegenden Grundstücke bis hin zum Mühlengraben dazuzukaufen. Auf diesen Flächen sollten sogenannte »grüne Refugien der Freude, Schönheit und Erbauung« heranwachsen. Durch den Bau von Gartenhäusern im Stil der Wohnhäuser entstand eine romantische Kulisse.

Wer heute im Frühjahr oder Sommer durch die ehemaligen Bürgergärten geht, kann den Hauch der Romantik noch deutlich spüren. Auf den grünen Wiesen rundherum blühen Tausende Gänseblümchen, und gelb leuchten die Blüten des Löwenzahns. Mitten darin stehen die sorgsam instand gehaltenen Gartenhäuser, die kein Vergleich zu dem sind, was heute als Gartenhaus zählt.

Das bezaubernde Gartenhaus »Twiete 6« erinnert durch seine urtümliche Neigung an den Schiefen Turm von Pisa und könnte auch einem Märchen entstammen. Es gehörte einst zu dem Wohnhaus der Königsstraße 24, wurde zwischen 1830 und 1850 erbaut und soll schon immer einen gewissen Schiefstand gehabt haben, der durch eine Schwächung der konstruktiven Elemente hervorgerufen wurde. Das Haus ist mit original Sauerländer Schiefer verkleidet und hat drei große Fenster, um den Blick auf die Umgebung genießen zu können.

Links von »Twiete 6« befindet sich das Gartenhaus »Twiete 8«, einst zugehörig zum Haus Königstraße 26, heute 36. Es ist etwas älter und wurde zwischen 1822 und 1830 im klassizistischen Stil erbaut. Es diente als Wohnhaus des Gärtners, zur Lagerung von Gartengeräten und für die Freizeitgestaltung. Beide Gebäude stehen mittlerweile unter Denkmalschutz.

Adresse Bürgergärten, Twiete 1, 59821 Arnsberg | ÖPNV Buslinien C 1, C 3, C 10, R 22 oder R 71 bis Arnsberg Neumarkt, weiter zu Fuß in drei Minuten | Öffnungszeiten nur von außen zu besichtigen | Tipp Die Arnsberger Altstadt besticht mit historischem Charme. Sehenswert ist zum Beispiel das Haus »Zur Krim« am Alten Markt 40 und viele weitere Fachwerkgebäude der Stadt.

3 Die Ruhr-Nixe

Eine weiße Meerjungfrau am Ruhrstrand

Elegant rekelt sie sich am flachen Ufer der Ruhr in Arnsberg. Gestützt auf ihre Unterarme, lässt sie ihr Haar gekonnt in den Rücken fallen und streckt ihre Flosse in den Himmel. Ihr feines weißes Antlitz leuchtet in der Sonne. Zumindest an schönen Tagen. Doch sie trotzt auch mutig Wind und Wetter und verharrt in ihrer Position, als könnten ihr weder Hagel noch Sturm oder Hochwasser etwas anhaben. Selbst wenn sich Algen in ihrem Haar verfangen, bleibt ihr Blick gelassen. Die Rede ist von der Ruhr-Nixe. Doch wie kommt eine Meerjungfrau in die Ruhr?

Geschaffen wurde die Ruhr-Nixe von Friedrich Freiburg, der sein Atelier FFreiburg in Finnentrop-Rönkhausen betreibt und dort kreativ tätig ist. Anlässlich eines Arnsberger Kunstsommers schwamm die Nixe einst von dort aus gen Arnsberg und darf seitdem hier in der Ruhr verweilen. Von nun an wurde der Wasserstand des Flusses nach der Sichtbarkeit der Ruhr-Nixe bestimmt.

Und obwohl sie mit einem Gewicht von einer Tonne durchaus nicht zu den grazilsten Wesen zählt, wurde sie bei einem Hochwasser im Jahr 2011 um 180 Grad herumgewirbelt und um fünf Meter versetzt – was sich der Künstler natürlich nicht gefallen ließ. Mit einem 40 Meter langen Drahtseil an der Anhängerkupplung verfrachtete er sie zurück an ihren eigentlichen Standort, wo sie anschließend repariert und fest verankert wurde.

Neben der Ruhr-Nixe hat FFreiburg noch zahlreiche andere Geschöpfe entstehen lassen. Einige befinden sich unweit der Nixe im Natur-Erlebnis-Raum und noch viele mehr in seinem Atelier in Rönkhausen. Nach eigenen Angaben auf seiner Homepage freut sich der Künstler über Besuch, und nach Absprache können Besichtigungen stattfinden. Auch von der Straße aus können die Skulpturen, Objekte und Bilder im unteren Ausstellungsraum seines Ateliers eingesehen werden. Dazu gibt es einen liebevoll angelegten Skulpturengarten.

Adresse Feauxweg, 59821 Arnsberg | **ÖPNV** Buslinien C 1, C 3, C 10, S 10, S 11, R 22, R 49, R 71, N 4, N 5, 548 und 412 bis Arnsberg Europaplatz, weiter zu Fuß etwa 850 Meter, gegenüber in die Hellefelder Straße, am Feauxweg rechts und auf die Ruhrbrücke | **Öffnungszeiten** Atelier: www.atelier-ffreiburg.de | **Tipp** Sich selbst in die Fluten stürzen funktioniert im NASS: dem Erlebnisbad in Arnsberg mit Sauna und Wellnessbereich (www.nass-arnsberg.de).

4 Die Rundturnhalle

Wenn Sport sich im Kreis dreht

»UFO an der Ruhr in Arnsberg gelandet«, so könnte durchaus eine Schlagzeile angesichts dieses futuristisch anmutenden Gebildes lauten. Doch beim näheren Hinsehen hebt das unbekannte Flugobjekt nicht etwa ab, sondern entpuppt sich als eine Rundturnhalle. Heutzutage ist der Anblick einer solch runden Sporthalle eher außergewöhnlich. Aber im Sauerland gibt es gleich mehrere dieser charakteristischen Bauwerke, in denen auch aktuell noch fleißig Sport betrieben wird, zum Beispiel in Attendorn oder Hagen.

Die Rundturnhalle in Arnsberg ist das Zuhause, also die Heimspielstätte der Handballer des TV Arnsberg 1861 e. V. Das Gebäude fasst eine Zuschauerkapazität von 500 Leuten, was man ihm von außen nicht unbedingt ansieht. Nach Angaben auf der Vereinshomepage konnten unter Nutzung der Gegentribüne und des Spielfeldrands sogar schon an die 1.000 Gäste einem Spiel beiwohnen.

Turnhallen mit diesem heute eher ausgefallenen Grundriss wurden vorwiegend in den 1970er Jahren gebaut, was man ihrem Design durchaus ansieht. Mit ihrem rot leuchtenden Sockel und dem silbernen Dach fällt die Rundturnhalle auf der grünen Wiese auf. Um die 30 Objekte dieser Art gibt es aktuell noch in Deutschland. Wer das Gebäude auch einmal von innen sehen möchte, muss sich entweder ein Handballspiel ansehen oder Mitglied im Verein werden und aktiv mitmachen.

Wer es weniger sportlich mag, kann sich aber auch mit Blick auf das UFO auf die Wiese vor der Halle legen oder in einem der roten Liegestühle Platz nehmen, die sich vor der Rundturnhalle oberhalb der Ruhr befinden. Entspannung oder Spaß beim Erkunden gibt es auch direkt daneben im Natur-Erlebnis-Raum. Hier warten ein Barfußpfad, ein Weidenhaus, eine Riesen-Stehwippe, ein Kletterturm, Spielgeräte zum Krabbeln und Balancieren und ein Fenster mit Durchblick auf die Ruhr und Arnsberg auf große und kleine Besucher.

Adresse Promenade 5, 59821 Arnsberg (Parkplatz Sauerlandtheater, Feauxweg 9) | **ÖPNV** Buslinien C 1, C 3, C 10, S 10, S 11, R 22, R 49, R 71, N 4, N 5, 548 und 412 bis Arnsberg Europaplatz, weiter zu Fuß etwa 850 Meter, gegenüber in die Hellefelder Straße, am Feauxweg rechts, über die Ruhr und dahinter links an die Promenade bis zum Ziel | **Öffnungszeiten** nur von außen zu besichtigen | **Tipp** Für die eigene sportliche Betätigung sorgt der Hochseilgarten am Wildwald Vosswinkel (www.klettergarten-wildwald.de/homepage.html). Danach bietet sich noch ein Streifzug durch den Wildwald selbst an (www.wildwald.de).

5 Der Sauerlända Store

Passende Accessoires für die Sauerland-Erkundung

Die Sauerländer sind ein ganz besonderes Völkchen. Im »Land der tausend Berge« zwitschert man nicht nur seine eigene Sprache, »woll«. Hier werden auch Bier gebraut, Schnaps gebrannt, Socken gestrickt, Glas hergestellt und einiges mehr. Die Sauerländer Kreativität kennt keine Grenzen. Da erstaunt es nicht, dass sie mittlerweile auch über ihre eigene regionale Marke »Sauerlända ORIGINAL« verfügen.

Das Logo, ein Hirschgeweih auf einem menschlichen Kopf, soll wohl andeuten, dass die Sauerländer für UneinGEWEIHte mitunter ein Rätsel sind. Wer sich aber mit ihnen verbindet, liebt die Klischees genauso wie die Region. So beschreibt es jedenfalls das Team des Sauerlända ORIGINALS auf seiner Webseite.

Wer sich so richtig sauerländisch fühlen möchte, wie ein Originalsauerländer eben, und dies auch gerne nach außen zeigen will, der kann sich im Sauerlända Store mit den passenden Accessoires für die nächste Sauerland-Erkundung einkleiden. Ob T-Shirt, Top, Hoodie, Jacke oder Mütze, an kalten oder warmen Tagen ist man immer gut gekleidet. Für eine ausgiebige Sauerland-Tour gibt es im Sortiment Reisetaschen und Rucksäcke. Wer sich zu 100 Prozent mit dem Sauerland identifiziert, der hisst in seinem Garten gleich die passende Fahne. Selbst der Sauerländer Weihnachtsbaum kann mit den passenden Christbaumkugeln geschmückt werden. Fürs fröhliche Zwitschern gibt's Foffos aus dem Zwockel; was das ist? Das muss jeder Sauerland-Fan selbst erkunden.

Zum Shoppen lädt ein Ladenlokal in Arnsberg ein, hier gibt es viele Kleinigkeiten zu entdecken. Unter dieser Adresse befinden sich auch der Hauptsitz des Unternehmens und die Kreativmanufaktur. Ein weiterer Laden ist in Iserlohn im 1A-Center. Manchmal sind die Sauerländer Originale auch in regionalen Geschäften oder mit einem Stand auf Events anzutreffen; also unterwegs im Sauerland immer die Augen offen halten.

Adresse Arnsberger Straße 99, 59759 Arnsberg-Bruchhausen | ÖPNV Buslinien C 1, N 5, B 2 bis Haltestelle Hüsten, Stoppenkamp, Fußweg circa 450 Meter | Öffnungszeiten www.sauerlaenda.de/unsere-stores | Tipp Echten Sauerländern empfiehlt sich im Anschluss an das Shoppingerlebnis ein Besuch des Sauerland-Museums in Arnsberg (www.sauerland-museum.de).

6__Das Kloster Oelinghausen

Ein vielseitiger Ort mit Überraschungen

Wie ein eigenständiges kleines Dorf liegt das Areal des Klosters Oelinghausen inmitten friedlicher Landidylle zwischen Herdringen und Holzen. Der besinnliche Ort hält einige Überraschungen parat. Ruheplätze laden zur Entspannung ein und der Gasthof Danne zur Stärkung. Eine weitere Besonderheit ist der Geocache »Gottes-Geist-Tour«. Die moderne Schatzsuche führt rund um Oelinghausen und soll Wissen rund um den Heiligen Geist und Pfingsten vermitteln. Der Klostercache wird auf Anfrage versteckt.

Das Kloster Oelinghausen hat eine lange Geschichte. 1174 wurde es vom kölnischen Ministerialen Sigenandus von Basthusen und seiner Frau Hathewigis gestiftet. Die heute noch vorhandene Klosterkirche im gotischen Stil entstand zwischen 1350 und 1380. Auf der Anlage befinden sich zudem weitere Kloster- und Ökonomiegebäude. 1804 wurde das Kloster zunächst aufgelöst, und 1828 erwarb die Familie von Fürstenberg den Wirtschaftshof. Seit 1956 ist Oelinghausen jedoch wieder das, was es früher war. Besucher finden hier auf dem frei zugänglichen Außengelände wunderbare Plätze zum Entschleunigen. Es gibt einen alten Klostergarten, stattliche, schattenspendende Bäume und eine Holzliege, die mit einem fotogenen Dekoherz verziert ist.

2005 wurde das Kloster Oelinghausen zum Drehort des Films »Dem Himmel sei Dank« mit Marie-Luise Marjan in der Hauptrolle. Sie spielt eine Pastorin, die nicht ganz freiwillig eine kleine Gemeinde im Sauerland übernehmen muss und dabei auf einige Schwierigkeiten stößt.

Neben den Klostermauern liegt der Gasthof Danne, der traditionell mit diesem Ort verbunden ist. Er wurde 1917, damals im Nebenerwerb der Familie Danne, eröffnet, deren Hauptgeschäft eigentlich die Schneiderei war. Mittlerweile ist es umgekehrt. Wer in den bezaubernden Gasthof mit seiner Gartenwirtschaft einkehrt, kann bei gutem Essen den Blick auf das Kloster genießen und in die Umgebung eintauchen.

Adresse Oelinghausen 2, 59757 Arnsberg-Holzen | **ÖPNV** Buslinien C 8, 323 bis Haltestelle Holzen, Oelinghausen, zu Fuß noch etwa 800 Meter über die Franz-Steffensmeier-Straße | **Anfahrt** A 445/A 45 bis Ausfahrt Neheim-Süd und Richtung Herdringen, L 682 bis zum Abzweig Franz-Steffensmeier-Straße folgen, hier abbiegen und zum Kloster fahren | **Öffnungszeiten** Außengelände jederzeit, Kirche zu den Gottesdiensten | **Tipp** Die nahe gelegene Freilichtbühne Herdringen bietet regelmäßig liebevoll gestaltete Veranstaltungen für Familien und Erwachsene (www.flbh.de).

7 Das Benediktiner Wirtshaus

Zwischen Servus und »Woll, o'zapft is«

Von der »Alten Post« zum Wirtshaus. Sauerländer Gastlichkeit trifft auf bayerischen Charme. Seit 2018 erfährt das unter Denkmalschutz stehende Gebäude in Attendorn nicht nur neuen Glanz; es ist nun auch das erste Benediktiner Wirtshaus in ganz Deutschland. Während im Glas das bayerische Bier schäumt, vereint die Küche regionale mit bayerischen Spezialitäten und sorgt so für das passende Ambiente auf dem Teller.

Mit dem altehrwürdigen Postgebäude hat das Wirtshaus im Sauerland einen zum bayerischen Charakter passenden Standort gefunden. Die Geschichte des Benediktiner Weissbiers beginnt vor über 400 Jahren im Kloster Ettal im Keller der Benediktinerabtei, als die Mönche hier ihre eigene Brautradition entwickelten, die mittlerweile in die ganze Welt hinausgetragen wird. Im Wirtshaus in Attendorn gibt es das Benediktiner Weissbier naturtrüb und Benediktiner hell, frisch gezapft, auf Wunsch auch zünftig im Maßkrug. Dunkel und Alkoholfrei werden aus der Flasche eingeschenkt. Dazu gesellt sich mit dem Bitburger ein Mittelgebirgsbierchen aus der Eifel.

Rund um das Benediktiner Wirtshaus gesellen sich in Attendorn aber durchaus noch weitere interessante Gasthäuser. Im Kläppchen konnte früher an einer Klappe Bier geholt werden, selbst wenn geschlossen war. Dazu kommen der Fasskeller, das Gasthaus Attendorn oder die Gastwirtschaft Zum Ritter. So wird ein Rundgang durch die historische Attendorner Altstadt gleichzeitig zu einem bierkulturellen und schmackhaften Erlebnis.

Wer sich abseits kulinarischer Genüsse in Attendorn beschäftigen will, kann die Burg Schnellenberg besichtigen oder die nahe gelegene Atta-Höhle. Eine Führung durch die unterirdische Wunderwelt dauert etwa 40 Minuten, während derer die zerbrechlichen Schönheiten der Tropfsteinhöhle, die Stalagmiten und Stalaktiten, bewundert werden können.

Adresse Niederste Straße 11, 57439 Attendorn | ÖPNV Buslinien 70, 270, ALF 70, A 522, L 520, L 521, R 61, R 62, R 98 bis Haltestelle Attendorn, Niederstes Tor, von hier noch ein kurzes Stück Fußweg | Anfahrt A 45, Ausfahrt Meinerzhagen oder Olpe, der Beschilderung Richtung Attendorn folgen, das Ziel befindet sich in der Stadtmitte, Parkplätze sind im Umkreis vorhanden | Öffnungszeiten Di – Do 11 – 23 Uhr, Fr, Sa 11 – 1 Uhr, So 11 – 22 Uhr, www.benediktiner-wirtshaus.de/attendorn | Tipp Im »Alten Rathaus« der Stadt Attendorn befindet sich das Südsauerlandmuseum. Besucher erfahren hier Wissenswertes über Kunst und Kultur des Kreises Olpe (www.suedsauerlandmuseum.de).

8 Das Kloster Ewig

Ewig währt am längsten – das Knast-Kloster

Wo einst die Ritter ritten, später die Augustiner sangen, befindet sich heute eine Justizvollzugsanstalt. Das ehemalige Rittergut hat eine bewegte Geschichte, hat Menschen kommen und gehen sehen. Ob die Gefangenen aber auch heute noch in dunklen Kerkerverliesen sitzen?

Urkundlich erwähnt wird der einstige Adelssitz bereits im 13. Jahrhundert. Zu diesem Zeitpunkt waren die Ritter von Ewig seine stolzen Besitzer. Es wird vermutet, dass sie circa 200 Jahre hier lebten, bis Gottfried von Ewig das Gut verkaufte. Im Jahr 1420 übernahm es der Propst der Regular-Kanoniker zu Neuss, und aus dem Rittergut wurde ein Augustinerkloster. 400 Jahre später wurde das Kloster verstaatlicht und wechselte im Folgenden mehrfach seine Besitzer. 1956 ging es an den Ruhrtalsperrenverband, der gerade dabei war, den Bau der Biggetalsperre zu planen. In diesem Zusammenhang entstand auf dem Gelände um das einstige Rittergut ein Barackenlager, in dem die Arbeiter, die am Bau der Talsperre beteiligt waren, einquartiert wurden. Von hier aus hatten sie es nicht weit zur Arbeit. Heute liegt das gesamte Areal unterhalb des Biggestaudamms in einer angenehm grünen Umgebung am südlichen Rand der Stadt Attendorn.

1967 kaufte das Land Nordrhein-Westfalen das Grundstück des einstigen Rittergutes mit seinen Gebäuden und eröffnete nur ein Jahr später die erste offene Vollzugsanstalt NRWs. Bis 2011 wurden auf dem Gelände verschiedene Neubauten errichtet, und seitdem werden sowohl der offene als auch der geschlossene Vollzug in Attendorn vollstreckt. Somit ist davon auszugehen, dass die Insassen heute nicht mehr in dunklen Kerkerverliesen sitzen. Insgesamt verfügt die Justizvollzugsanstalt über 390 Haftplätze, davon etwa 120 im geschlossenen Vollzug. Untergebracht sind hier ausschließlich erwachsene, männliche Straftäter.

Vom Rittergut zum Kloster zur JVA – Ewig währt am längsten.

Adresse Biggeweg, 57439 Attendorn-Ewig | ÖPNV Buslinien A 522, R 61, R 98 bis Haltestelle Attendorn, Ewig | Anfahrt A 45 bis Ausfahrt Olpe, der B 54 und im weiteren Verlauf der L 512 Richtung Attendorn folgen, in Neu-Listernohl von der Kölner Straße scharf rechts in den Biggeweg abbiegen, parken, zu Fuß den Biggeweg zurück, vorbei an der JVA | Öffnungszeiten nur von außen zu besichtigen | Tipp Vom Parkplatz ist es nicht weit bis zur Staumauer des Biggesees sowie zur spektakulären Aussichtsplattform Biggeblick.

9 Der Discgolf-Parcours

Fliegende Untertassen im Kurpark

Eine eher unbekannte Sportart ist Discgolf. Zwar hat wohl jeder schon mal im Leben eine Frisbeescheibe in der Hand gehabt, doch mit Sicherheit noch nicht dieses auf den ersten Blick dem Basketball ähnliche Spiel damit gespielt. Das kann man zum Beispiel in Bad Fredeburg nachholen.

Wer hier nichts ahnend durch den Kurpark wandert, wird möglicherweise überrascht sein über die aufgestellten metallischen Netzkörbe, die an einen Basketballkorb erinnern. Sie sind Bestandteil des sogenannten Discgolf-Parcours. Dabei sollten die Augen offen gehalten werden, um nicht versehentlich eine Scheibe an den Kopf zu bekommen. Denn die speziellen Frisbeescheiben fliegen hier durch die Luft, mit dem Ziel, sie in den Fangkörben »einzulochen«, fast wie beim Golf, weshalb das Spiel auch Discgolf und nicht zum Beispiel Basketbee heißt.

Die 18-Korb-Anlage befindet sich in einem hügeligen, bewaldeten Gebiet des Kurparks, weshalb festes Schuhwerk sinnvoll ist. Dies gibt nicht nur beim Laufen sicheren Halt, sondern auch beim Abwurf der Scheibe einen sicheren Stand. In der Regel werden drei bis vier Würfe benötigt, um das Frisbee im Korb zu platzieren. Die Bahnen sind deshalb wie beim Golf in sogenannte Par 3- oder Par 4-Bahnen eingeteilt. Das Spiel beginnt mit dem Abschlag, der hier aber Abwurf oder Drive heißt. Zum Annähern an den Korb wird ein Approach geworfen, und zum Schluss erfolgt der Putt, also der Wurf ins Ziel. Der erste Wurf muss am Abwurfpunkt geschehen, alle weiteren dort, wo das Frisbee liegen bleibt. Für jeden Wurf gibt es unterschiedliche Scheiben. Der Spieler mit den wenigsten Versuchen gewinnt das Spiel.

Die entsprechenden Frisbees können in der Tourist-Info ausgeliehen oder gekauft werden. Insgesamt ist Discgolf eine schöne Möglichkeit, Sport und Spiel in der Natur zu betreiben und einer ungewöhnlichen Freizeitbeschäftigung nachzugehen.

Adresse Kurpark Schmiedinghausen, In der Schmiedinghausen, 57392 Schmallenberg-Bad Fredeburg, Verleih und Verkauf der Discgolf-Scheiben: Tourist-Information, Am Kurhaus 4 oder Guntermann's Stuben, Im Ohle 2 | ÖPNV Buslinie 474 bis Haltestelle Parkstraße, zu Fuß ein kurzes Stück der Straße folgen | Anfahrt A 46 bis Ausfahrt Meschede Enste, an der Ausfahrt Richtung Schmallenberg und dem Straßenverlauf folgen bis Bad Fredeburg, links in Kapellenstraße, dann rechts in die Parkstraße, Parkplatz Straßenecke Parkstraße / In der Schmiedinghausen | Öffnungszeiten ganztägig frei zugänglich; geliehene Discgolf-Scheiben sind bis 17 Uhr zurückzugeben, www.bad-fredeburg.de/fit-aktiv/discgolf | Tipp Noch mehr Bewegung in der Natur verschafft der Walderlebnispfad Bad Fredeburg.

10 Die Bumbams-Mühle

Versunkenen Schätzen im Aabachsee auf der Spur

Immer wieder fallen Gebäude dem Bau von Talsperren zum Opfer, und mancherorts sind ihre bizarren Überreste bei Niedrigwasser zu erkennen. So auch die Bumbams-Mühle in der Aabachtalsperre. Ein Gedenkstein mit dem alten Mühlstein am westlichen Ufer erinnert heute an den ehemaligen Standort. Direkt neben dem alten Mühlstein befinden sich zwei geschwungene Sonnenliegen mit Blick auf die Talsperre.

Erbaut wurde die Bumbams-Mühle, deren eigentliche Bezeichnung Aamühle lautet, im Jahr 1628. Ihre letzten Bewohner waren die Familie Hengsbach mit ihren drei Kindern. Sie lebten hier von 1928 bis 1978 und betrieben anfänglich die Mühle selbst, später eine Gaststätte sowie eine Forellenzucht. Dadurch wurde die Mühle zu einem beliebten Ausflugsziel der Bad Wünnenberger Familien. 1978 – mit dem Bau der Talsperre – wurde die Mühle aufgegeben. Es folgte ein kontrolliertes Abbrennen. Lediglich das Mauerwerk sollte im Stausee verbleiben, andere Materialien sollten die Trinkwasserqualität nicht beeinträchtigen. Die Familie zog nach Bleiwäsche.

1983 wurde die Aabachtalsperre in Betrieb genommen. Ihr Stauvolumen beträgt 20,5 Millionen Kubikmeter. Sie sichert damit die Trinkwasserversorgung der Kreise Paderborn, Soest, Gütersloh und Warendorf. Rund um die Talsperre befindet sich ein barrierefreier Rundweg, der von Radfahrern, Inlineskatern und Wanderern genutzt wird. Hunde dürfen hier nicht mitgeführt werden. Unterhalb der Staumauer liegt der Kurpark von Bad Wünnenberg: Ein Erlebnis-Barfußpfad, ein Paddelteich, ein Wildtiergehege, ein Kinderspielplatz und eine Kneipp-Oase können hier entdeckt werden. Im Aatalhaus finden regelmäßig Veranstaltungen statt, und ein Biergarten lockt mit Speisen und Getränken. Neben historischen Besonderheiten hat die Region rund um die Aabachtalsperre und Bad Wünneberg somit auch moderne Einrichtungen zu bieten.

Adresse Aabachtalsperre, K 36/Bleiwäscher Straße Ecke Aatalstraße, 33181 Bad Wünnenberg | ÖPNV Buslinie 410 bis Haltestelle Bleiwäsche Aabachtalsperre | Anfahrt A 44, Kreuz Wünnenberg-Haaren, B 480 vorbei an Bad Wünnenberg, links auf L 956 Richtung Bleiwäsche, in einer Rechtskurve scharf links auf K 36 bis zur Aabachtalsperre, kleiner Parkplatz direkt an der Staumauer | Tipp In Bad Wünnenberg befinden sich heute noch eine Vielzahl historischer Gebäude und Orte. Der alte Kump, ein ehemaliger Wehrturm, und der Spanckenhof sind nur ein paar der besonderen Plätze, die sich bei einem historischen Stadtrundgang entdecken lassen.

11 Der Steinbruch Düstertal

Am Tor zum Sauerland in die Tiefe blicken

Alles andere als düster liegt dem Betrachter der Steinbruch in Bleiwäsche zu Füßen. Rund 70 Meter fallen die steilen Felswände in die Tiefe. Während unten die Bagger das graue Gestein schaufeln, schaut man von oben den Menschen bei der Arbeit zu oder blickt über die sanften Hügel des Paderborner Lands, das hier auf den Hochsauerlandkreis trifft. Der Steinbruch Düstertal liegt genau an der Grenze, weshalb man durch das »Tor zum Sauerland« schreitet, bevor man am gut zum Abgrund hin gesicherten Aussichtspunkt ankommt.

Dieser existiert bereits seit ein paar Jahren, im Vergleich zur wesentlich bekannteren Blauen Lagune in Asbeck kann er aber wohl noch immer als Insidertipp gehandelt werden. Bei einem Blick in den noch im Abbau befindlichen Kalksteinbruch der Mitteldeutschen Hartstein-Industrie lassen sich die Geologie der Region und der Aufbau des Untergrunds im Sauerland gut erkennen. Er besteht aus dem sogenannten Briloner Massenkalk, der sich während des Devons, vor etwa 416 Millionen Jahren bis vor circa 359,2 Millionen Jahren, bildete, als das Gebiet von Meeren bedeckt war. Neben einzigartigen Funden an Mineralien wurden im Steinbruch auch paläontologische Raritäten wie Überreste des Ur- und Höhlenbären entdeckt. 1987 konnte ein großes Höhlensystem, der Malachitdom, ausfindig gemacht werden.

Unmittelbar neben dem Aussichtspunkt lädt die Schutzhütte Knippe-Blick mit einem Picknickplatz zur Pause ein. Infotafeln erläutern Details zum Steinbruch. Bei Sonnenschein kann man sich auf zwei geschwungenen Holzliegen ausruhen. Etwas weiter leuchten Sonne, Mond und Sterne zur selben Zeit.

Für etwas Bewegung sorgt die drei Kilometer lange Bergbauroute durch Bleiwäsche. Dabei erfahren die Wanderer Interessantes über die Geologie und die Geschichte des Bergbaus vor Ort. Gelegentlich bietet die VHS der Stadt Bad Wünnenberg Exkursionen in den Steinbruch an.

Adresse Auf den Schächten, 33181 Bad Wünnenberg-Bleiwäsche | **ÖPNV** Buslinien 410, R 11 bis Haltestelle Bleiwäsche, Kirche, weiter zu Fuß | **Anfahrt** A 44 bis Kreuz Wünnenberg-Haaren, Richtung Bad Wünnenberg auf B 480 und den Wegweisern nach Bleiwäsche folgen, der Aussichtspunkt ist ausgeschildert | **Tipp** Nach Besichtigung des Aussichtspunktes und der kleinen Wanderung lockt in der Nähe das Ateliercafé Gut Almerfeld vor einer wunderschönen Kulisse zur Einkehr (www.dasgut-ateliercafe.de).

12 Der Trafoturm

Ein märchenhaftes Zuhause für Rapunzel

Es sieht aus wie ein Schloss im Miniaturformat. Bruchstein auf Bruchstein reiht sich sorgsam aufeinander. Spitze Dächer ragen empor. Bezaubernde Sprossenfenster lassen die Sonnenstrahlen ins Innere herein. Rundherum säumt ein Zaun das märchenhafte Gebäude ein. Wer vor diesem Türmchen am sogenannten Höhlenkopp unweit der Balver Höhle steht, möchte unwillkürlich rufen: »Rapunzel, lass dein Haar herunter.« Ob sich die Fenster des Turms allerdings öffnen, ist fraglich. Dieses Gebäude im Stil eines kleinen Schlösschens ist von der Bauart einzigartig für Deutschland und diente einst als Trafoturm. Heute ist es in Privatbesitz.

Erbaut wurde das Türmchen im Jahr 1913 durch den Maurermeister Wilhelm Wenniges aus Balve. Deutschlandweit gibt es kein vergleichbares Trafohäuschen mit der Architektur eines Schlosses oder einer Kapelle. Vermutlich stammen die Pläne von Professor Bruchkremer aus Aachen, der in diesem Zeitraum für einige Kirchen im Sauerland verantwortlich zeichnete. Die Architektur des Trafoturms ist angelehnt an die neoromanische St. Blasius Pfarrkirche in Balve. Diese wurde bereits drei Jahre vor dem Trafoturm erbaut.

Märchenhaft steht das sorgsam gepflegte Gemäuer am Hang des Berges, gleich am Waldrand, und wacht über die Wiesen und Felder. Die absolute Alleinlage abseits des Städtchens macht es zu einem besonderen Ort. Man möchte kaum meinen, dass es einst für die Ausweitung der Stromversorgung erbaut wurde, sondern vielmehr als eine Burg, eine kleine Festung als Beobachtungs- oder Aussichtspunkt.

Herrlich schweift der Blick von hier aus über die Region bis zum Schloss Wocklum sowie zur Luisenhütte. Ein Picknick gehört eingepackt, um im Schatten des Türmchens genüsslich zu verweilen und von dem Ritter auf dem weißen Pferd zu träumen. Und vielleicht öffnet Rapunzel ja doch noch eins der Fenster und lässt ihren Zopf herunter.

Adresse Parkplatz der Höhle: Helle 2, 58802 Balve (Parkplatz Balver Höhle) | **ÖPNV** Buslinien 132, 137, BBus Balve 3 bis Haltestelle Balve Höhle, weiter in die Straße Helle, kurz vor der Balver Höhle links, Fußweg etwa 500 Meter | **Anfahrt** A 46 bis Iserlohn, links über B 7 nach Hemer, rechts der Beschilderung Hönnetal folgen, B 515 nach rechts, hinter Volkringhausen auf B 229 bis Balve, Parkplatz direkt an der Balver Höhle, zu Fuß noch etwa 500 Meter | **Öffnungszeiten** nur von außen zu besichtigen | **Tipp** In Balve befindet sich die Luisenhütte. In dem heutigen Museum erleben Besucher die Herstellung von Eisen und die Weiterverarbeitung zu Gussprodukten.

13 Der Milchautomat

MUH-TO-GO statt COFFEE-TO-GO

Da, wo die Kühe fröhlich muhen, die Hühner glücklich gackern, einfach mitten im Grünen auf einer Anhöhe, abseits von Straßenlärm und so richtig auf dem Lande eben, da steht das Milchhäusl. Wer sich auf den Weg hierher mit dem Auto macht, wird sich vielleicht fragen, ob er noch richtig ist; ob die Straße überhaupt ans Ziel führt. Aber ja, in ruhiger Alleinlage befindet sich der MUH-TO-GO-Automat, aus dem 24 Stunden am Tag frische Kuhmilch gezapft werden kann.

Alle Kühe leben tierfreundlich auf dem Hof. Im Sommer haben sie 24 Stunden Ausgang und können selbst entscheiden, ob sie im Stall oder auf der Weide stehen. Wenn die Kühe zum Melken gehen möchten, tun sie dies selbstständig. Da schmeckt die Milch gleich doppelt so gut.

Nur regionale Insider kommen regelmäßig an die Milchtankstelle. Für sie ist das Milchhäusl mittlerweile ein beliebtes Ausflugsziel geworden. Familien fahren mit dem Auto bis vor die Tür. Die Kinderaugen leuchten, die Stimmen erklingen lachend, wenn sie die Tiere, Kühe und Hühner, deren Produkte sie aus dem Automaten ziehen können, glücklich bei der »Arbeit« beobachten.

Dabei lohnt es sich für jeden, auch von weiter her anzureisen, wenn die Supermärkte schon geschlossen haben. Neben der klassischen Milch wurde das Sortiment nämlich längst erweitert. Frische Hühnereier, Honig, Wildspezialitäten und Wildwurst sind am Regiomat erhältlich, und an heißen Tagen ist es verlockend, auf einen Eisbecher vorbeizukommen. ICE-TO-GO gibt es eben auch. An einem Tischchen mit zwei Bänken, gleich vor dem kleinen Holzhäuschen, kann das Eis gemütlich an der frischen Luft verzehrt werden. Aus diesem Grund lässt sich ein Aufenthalt am Milchhäusl auch perfekt als Zwischenstopp im Rahmen einer Wanderung oder Radtour einplanen. Für eine herzhafte oder süße Jause ist hier bestens gesorgt. Für die übrige Erholung sorgt die angenehme Landluft.

Adresse Stöcken 1, 58339 Breckerfeld | **ÖPNV** Buslinie 570 bis Haltestelle Breckerfeld, Stöcken | **Anfahrt** A 45 bis Ausfahrt Hagen-Süd, am Volmeabstieg Richtung Hagen und an der Kreuzung B 54 rechts, in Rummenohl rechts in Bührener Weg bis ans Ziel | **Öffnungszeiten** immer | **Tipp** Nicht weit entfernt in Breckerfeld liegt, umgeben von Wald, die kleine Glörtalsperre, die sich für einen kurzweiligen Spaziergang eignet. Im Sommer kann hier gebadet werden.

14 Die Schanzenschaukel

Einmal schaukeln wie Heidi auf dem Poppenberg

Wer sich noch an den melodiösen Vorspann von Heidi aus den 70er Jahren erinnert, sieht gedanklich das kleine Waisenmädchen mit Sicherheit hier auf der Riesenschaukel in den Bergen schwingen. Wer sich einmal wie Heidi fühlen möchte, sollte deshalb einen Ausflug zum Landschaftstherapeutischen Pfad in Brilon machen und den Blick von der Schaukel ins Tal genießen.

Die sogenannte Schanzenschaukel befindet sich auf dem Poppenberg unweit der Möhnequelle und des Kurparks von Brilon. Der Platz, an dem sie aufgestellt wurde, hat eine ganz besondere Bedeutung, an die sich heute nur noch wenige erinnern. Neben Willingen und Winterberg verfügte Brilon nämlich bis Mitte der 70er Jahre über eine Skisprungschanze und eigene Skilifte. Der letzte von insgesamt drei Schanzenbauten entstand 1965. Der weltbekannte Heini Klopfer, der die Olympiaschanze in Oberstdorf gebaut hatte, war auch in Brilon für die Konstruktion der Naturschanze verantwortlich, die dann in viel Eigenleistung durch die Mitglieder des Skiclubs Brilon errichtet wurde. Das Skispringen war immer eins der Briloner Highlights, das zahlreiche Schaulustige ins Hellehohltal lockte. Der Schanzenrekord lag bei 51,50 Metern.

Heute erinnert die Schanzenschaukel an den ehemals höchsten Punkt der Skisprungschanze. Etwas unterhalb befindet sich der Schanzentisch, der einst der Absprungpunkt war und mittlerweile als Aussichtspunkt dient. Seit 2020 posiert die Skulptur eines Skispringers wenige Meter oberhalb und erinnert an die Skisprungtradition. In der weiteren Umgebung um die nahe gelegene Möhnequelle können noch alte Betonfundamente der früheren Schanzen ausgemacht werden.

Wer sich heute auf die Schanzenschaukel setzt, hoch hinaus schaukelt und den Ausblick genießt, kann sich vielleicht in die Skispringer hineinversetzen, die einst über den Abhang ins Tal hinabgeflogen sind.

Adresse Hellehohlweg, 59929 Brilon | ÖPNV Buslinie B 1 bis Brilon Haltestelle Hotel am Kurpark | Anfahrt B 7 Richtung Brilon, im Zentrum auf Derkere Mauer, Derker Tor, über Hoppecker Straße, in Gartenstraße, später Am Renzelsberg, in Hellehohlweg, bis zum Parkplatz am Ende, von hier aus den Wegweisern des Landschaftstherapeutischen Pfads gegen den Uhrzeigersinn folgen | Öffnungszeiten immer | Tipp In Brilon lohnt sich auch ein Besuch des Kurparks mit Kneipp-Tretbecken und Kinderspielplatz. Zur Einkehr empfiehlt sich ein Abstecher zu Brockmanns Hütte (www.brockmanns-huette.de).

15 Der Seelenort Almequellen

Sprudelnder Wasserzauber aus 104 Quellen

Ein Ort für Ruhesuchende, Naturliebhaber und Vogelbeobachter sind die Almequellen im gleichnamigen Ortsteil von Brilon. Hier scheint von überallher das Wasser zu sprudeln, es speist einen Teich und schafft so einen der idyllischsten Orte im Sauerland. Einfach ruhig dasitzen, dem munteren Plätschern des Wassers lauschen und mit etwas Geduld den Eisvogel beim Fischen beobachten, das ist hier möglich.

Die Almequellen im Mühlental bei Brilon-Alme sind einer von 42 Sauerländer Seelenorten. Über 104 Quellen einzelner Flüsse treten hier zutage. Sie gelten als sauberste Quellschüttungen Deutschlands. Grund für das verstärkte Quellaufkommen ist der Untergrund der Briloner Hochfläche, der aus Massenkalk besteht. Dieser ist so durchlässig, dass er für das sogenannte Bachschwinden verantwortlich ist: So begegnet einem mancherorts im Sauerland ein Bach, der urplötzlich verschwindet. Doch gänzlich weg ist er nicht, er fließt durch das Gestein lediglich unterirdisch weiter. Die Almequellen befinden sich am tiefsten Punkt der Briloner Hochfläche, was dazu führt, dass an dieser Stelle die verschwundenen Flüsse geballt wieder auftauchen.

Wer an den Almequellen genau hinsieht und hinhört, kann die Bläschen von aufsteigendem Quellwasser sehen und hört es blubbern und plätschern. Der Ort ist ein Paradies für Flora und Fauna. Seltene Pflanzen wie das Pyrenäen-Löffelkraut haben sich hier entwickelt. Der Eisvogel fühlt sich genauso wohl wie die Mönchgrasmücke und das Rotkehlchen. In der abfließenden Alme können Bachforellen beobachtet werden.

An manchen Stellen schimmert das erstaunlich klare Wasser des Quellteichs türkisblau und erinnert an die Grotten in Tropfsteinhöhlen. In der Luft liegt ganz zart der Duft frischer Wasserminze. An den Ufern des Quellteichs laden Bänke zum Verweilen ein. Die Almequellen sind ein Ort, den man mit allen Sinnen genießen kann.

Adresse Untere Bahnhofstraße 15, 59929 Brilon-Alme | **ÖPNV** Buslinien R 10, 480, 481, 484, 487 bis Haltestelle Alme, Moosspringstraße, zu Fuß geradeaus weiter bis zur Kirche St. Ludgerus, den Wegweisern folgen | **Anfahrt** A 44, Ausfahrt Kreuz Wünnenberg-Haaren Richtung Bad Wünnenberg, über die B 480 bis Parkplatz Untere Bahnhofstraße 15 gegenüber der Kirche St. Ludgerus, von hier aus den Wegweisern des Quellenwegs (weißes Q auf schwarzem Grund) folgen | **Tipp** In Alme befindet sich auch das Schloss Alme, welches zwar nicht besichtigt, aber von außen betrachtet werden kann.

16__Das Waldfreibad

Wasserspaß im größten Freibad Nordrhein-Westfalens

Mit einer Wasserfläche von rund 6.500 Quadratmetern ist das Waldfreibad in Brilon-Gudenhagen das größte Freibad in Nordrhein-Westfalen und sogar eines der größten Deutschlands. Mit seiner einmaligen Lage in einem malerischen Talkessel, umgeben von herrlichem Wald, lädt es bereits seit über 85 Jahren zum Schwimmen ein. Das Wasser glitzert, wie es sich für ein Waldfreibad gehört, grün im Sonnenschein. Das Schwimmbecken passt sich in die Natur ein und wirkt wie ein natürlicher See – was es einst auch war, bevor es vom Reichsarbeitsdienst in ein Freibad umgewandelt wurde.

Das heutige Schwimmbecken hat einen abgeteilten Nichtschwimmerbereich, eine Insel mit Rutsche, die es schon zu Eröffnungszeiten gab, mehrere Startblöcke sowie ein Ein-Meter-Sprungbrett und einen Drei-Meter-Sprungturm. Auf den umliegenden Liegewiesen ist reichlich Platz für Sonnenanbeter, dazu gibt es einen Kinderspielplatz, ein Beachvolleyballfeld, Tischtennisplatten und einen Kiosk.

Eröffnet wurde das Waldfreibad Gudenhagen am 25. August 1935. Die Einweihung erfolgte mit einem großen Festakt, einem Konzert auf dem Marktplatz, gefolgt von einem gemeinsamen und musikalisch begleiteten Marsch zum Freibad, dem anschließenden Strandfest und einem Riesenfeuerwerkspektakel. Zeitungsberichten zufolge kamen über 2.000 Menschen zu der Feier ins »schönste Strandbad Westfalens« – was es wohl heute noch ist.

Gleich neben dem Freibad befindet sich das Forsthaus Waldsee, das auf eine fast gleich lange Geschichte zurückblickt. 1936 begann hier ein Cafébetrieb, weil der Bedarf der Freibadbesucher an Kaffee, Kuchen, Getränken und Speisen kontinuierlich zunahm. Heute beherbergt das Forsthaus in der idyllischen Lage direkt am See einen Restaurant- und Hotelbetrieb, und auch Wanderer und Radfahrer kehren unterwegs gerne hier ein. Zu weiteren Entdeckungen lädt der nahe gelegene Waldfeenpfad mit neun Erlebnisstationen ein.

Adresse Am Waldsee 1, 59929 Brilon-Gudenhagen | **ÖPNV** Buslinien R 91, 486 bis Haltestelle Gudenhagen Freibad | **Anfahrt** A 46 Richtung Brilon bis zum Ende, anschließend rechts weiter über B 480 bis Brilon und hier der Beschilderung nach Brilon-Wald/Willingen folgen, das Freibad wird im Verlauf der Straße erreicht, Parkplatz und Freibad auf der linken Straßenseite | **Öffnungszeiten** auf www.brilon.de über »Kultur, Freizeit und Tourismus«, dann auf »Hallen und Freibäder« | **Tipp** Sportlich geht es weiter mit dem Mountainbike auf dem Briloner Trailground; Singletrail-Fahrspaß für jeden Mountainbiker mit Fokus auf das Landschaftserlebnis (www.trailgroundbrilon.de).

17 Die Dinosaurierfundstelle

Vom Sauerland ins Dinosau(ri)erland

Auch das Sauerland war einst bevölkert von Dinosauriern. 1978 wurden in Brilon-Nehden die Überreste eines Iguanodons gefunden. Die kleine, etwas versteckte Fundstelle kann besucht werden.

Sie liegt etwas abseits in einer kleinen, bewaldeten Mulde, die einst ein Kalksteinbruch war. Kaum jemand verirrt sich hierher. Wer den Fußabdrücken der Dinosaurier folgt und auf dem urtümlichen Pfad zwischen den Bäumen zu den beiden Lichtungen hinabsteigt, fühlt sich in die Vergangenheit zurückversetzt – und ein bisschen wie in Jurassic Park. Bis auf das Zwitschern der Vögel ist es hier einsam, und fast meint man, die Blicke der Dinosaurier im Rücken zu spüren.

Den Beginn des Weges zurück in die Urzeit kennzeichnet die Figur eines Iguanodons, zwei kleine Versionen befinden sich unten auf der Lichtung. Infotafeln erläutern Wissenswertes über die Funde. Sie stammen aus der Kreidezeit und sind rund 110 bis 120 Millionen Jahre alt. Entdeckt wurden sie in sogenannten Karsthöhlen des Massenkalks, in die die Kadaver der Tiere zusammen mit Schlamm eingeschwemmt wurden. Der anschließende Wechsel von Trocken- und Regenzeiten konservierte die Knochen im Schlamm. Besonders an der Fundstelle in Brilon-Nehden ist, dass hier erstmalig auch Iguanodon-Jungtiere nachgewiesen werden konnten.

Iguanodon waren rund elf Meter lange und bis zu 4,5 Tonnen schwere Pflanzenfresser. Sie lebten in Herden und streiften durch die Region, die sich in der Unterkreidezeit noch in Küstennähe befand und heute das Sauerland ist. Im Museum Haus Hövener in Brilon ist eine Kopie des Iguanodons zu besichtigen; die Originalknochen befinden sich im Landesmuseum Münster.

Übrigens: In der Briloner Ortschaft Nehden leben circa 500 Einwohner. Bekannteste Nehdenerin ist die hier gebürtige Fernsehmoderatorin Birgit Schrowange. Heute lebt sie allerdings mit ihrem Lebensgefährten auf Mallorca.

Adresse Zur Kapelle, 59929 Brilon-Nehden | **ÖPNV** Buslinien R 10, 480, 484, 487 bis Nehden Mookweg, weiter zu Fuß bis zur Fundstelle etwa 500 Meter | **Anfahrt** A 46 bis zum Ende der Autobahn, auf der B 480 und B 7 Brilon umfahren und später links nach Nehden, die Fundstelle befindet sich auf der linken Seite hinter dem Feld in einem kleinen Waldstück vor dem Ort | **Öffnungszeiten** immer | **Tipp** Sehenswert in Brilon selbst ist auch das Glockenspiel im Rathaus am Markt. Jeweils um 11, 15 und 17 Uhr zeigt es Szenen des Briloner Schnadezugs.

18 Die Burgruine Ringelstein

Schauplatz grausiger Hexenprozesse

Büren liegt am nördlichen Rand des Sauerlands. Der Stadt sind noch elf weitere Ortschaften angeschlossen, eine von ihnen ist Harth. Das kleine Dorf zählt circa 850 Einwohner und thront herrschaftlich auf einem Bergrücken. Auf dem Bergsporn von Harth, mit Blick ins Almetal, steht die Ruine der einstigen Burg Ringelstein. Was heute beschaulich aussieht, blickt auf eine lange und zum Teil grausame Vergangenheit zurück, denn auch das dunkle Kapitel der Hexenverfolgung hat im Sauerland eine schaurige Geschichte geschrieben.

In den Jahren 1630 und 1631 war Burg Ringelstein Ort zahlreicher Hexenprozesse. Als Gerichtsstätte der Herrschaft Büren verfügte sie über Kerker- und Folteranlagen, in denen über 100 Menschen in diesem Zeitraum dem Hexenwahn zum Opfer gefallen sein sollen. 1631 erreichten die Hexenprozesse ihren Höhepunkt; innerhalb von 30 Tagen wurden 55 Personen zum Tode verurteilt und hingerichtet. Im Hexenkeller lassen sich heute noch Zeugnisse der Prozesse finden.

Die erstmalige urkundliche Erwähnung datiert auf das Jahr 1399; Grabungsfunde weisen jedoch darauf hin, dass der Bergsporn schon im 9. Jahrhundert besiedelt war. Erbaut wurde Burg Ringelstein durch die Edelherren von Büren, die sie zwischenzeitlich verpfändeten und 1399 wieder einlösten. 1574 diente sie ihnen als Jagdschloss, damals verfügte sie über zwölf Zimmer, eine Küche, Vorratskeller für Eier, Wein und Fleisch und sogar ein eigenes Brau- und Backhaus.

1802 wurde die Burg dem Verfall preisgegeben; erst 1979 begann man damit, die Gewölbekeller wieder freizulegen. Seit 2005 finden kontinuierlich Ausgrabungen zur Freilegung der Mauer, Räume und Türme statt, die heute frei zugänglich sind. Vom Burgfenster auf der Spitze des Bergsporns genießt man den Blick auf die Umgebung, und es ist genügend Platz für ein Burgpicknick auf dem Areal.

Adresse Hardtberg, 33142 Büren-Harth, nur teilweise barrierefrei | **ÖPNV** Buslinie Bür4 bis Haltestelle Hardt, Kirche oder Buslinien Bür3, Bür4, Bür6 bis Ringelstein, Eichenweg; weiter zu Fuß; ausgeschildert | **Anfahrt** A 44 bis Ausfahrt Geseke, auf der Umgehungsstraße Richtung Büren beziehungsweise Brilon, dem Straßenverlauf bis Ringelstein folgen, Parkplatz am Eichenweg, von hier aus 300 Meter Fußweg den Berg hinauf zur Burgruine, ausgeschildert | **Öffnungszeiten** Gelände immer zugänglich; Hexenkeller und Burginformationszentrum nur nach Anmeldung; Info unter www.bueren.de | **Tipp** Wer eine außergewöhnliche Übernachtungsmöglichkeit am Tor zum Sauerland in Ringelstein sucht, wird im Stellwerk fündig (www.stellwerkringelstein.com).

19 Die Staumauer

Majestätische Imposanz aus Kaiserzeiten

Majestätisch erhebt sich die trutzige Staumauer der Diemeltalsperre vor dem gemütlichen Dorf Helminghausen. Mit seinem vorgebauten Wasserkraftwerk, den Brücken und Steinmauern sowie dem Ausgleichsbecken, auf dem gemütlich die Wasservögel umherdümpeln, schaut das gesamte Areal eher wie eine Burg- oder Festungsanlage aus. Bedenkt man, dass sich oberhalb der Staumauer gut 19,9 Millionen Kubikmeter Wasser sammeln und gegen das Mauerwerk drücken, ist der Begriff Festung gar nicht so unpassend.

Die gekrümmte Schwergewichtsmauer besteht aus kaum verwittertem Grünstein, dem sogenannten Diabas. Dieser wurde während des Baus des Staudamms unterhalb des nahe gelegenen Eisenbergs gewonnen. Sagenhafte 72.000 Kubikmeter Mauerwerk wurden in dem gut 42 Meter hohen und 194 Meter langen Bau insgesamt verbaut. Am Fuß ist die Staumauer 31 Meter breit, entlang der Krone sieben Meter. Das ist breit genug, um mit dem Auto befahren zu werden.

Die Diemeltalsperre dient nicht der Trinkwassergewinnung, sondern wurde zum Zweck der Wasserversorgung des Mittellandkanals errichtet, weshalb sie den Menschen heute als großzügiger Freizeitort dient. Es gibt zwei Strandbäder, eigene Hundestrände und eine Taucherbucht. Seerundfahrten werden genauso angeboten wie Tret- und Elektrobootfahren. Hier kann jeder zum Kapitän werden. Vor diesem bunten Angebot wird die wuchtige Staumauer, deren Imposanz von der Seeseite kaum zu erkennen ist, viel zu wenig gewürdigt. Dabei befinden sich unterhalb, am Vorbecken, wunderbare Möglichkeiten für eine geruhsame Pause mit Blick auf die idyllische Natur und auf das meisterliche Bauwerk. Es stammt immerhin aus Kaiserzeiten. Mit den Arbeiten wurde bereits 1912 begonnen; die Fertigstellung erfolgte mit Unterbrechung durch den Ersten Weltkrieg 1924. Es lohnt sich also, den Diemelsee auch einmal aus anderer Perspektive zu betrachten.

Adresse L 912, 34431 Marsberg-Helminghausen | **ÖPNV** Buslinie 385 bis Haltestelle Helminghausen, Sperrmauer | **Anfahrt** A 44 bis Kreuz Wünnenberg-Haaren, über B 480 Richtung Brilon, vor Brilon-Alme links auf L 637 bis hinter Madfeld, der Beschilderung Richtung Padberg/Diemelsee folgen, Staumauer steht oberhalb von Helminghausen | **Tipp** Rund um den Diemelsee befinden sich viele Freizeitmöglichkeiten für einen Tagesausflug.

20__Die Sitzbank

Platz nehmen auf der zweitlängsten Bank Hessens

Der Großteil des Sauerlands befindet sich in Nordrhein-Westfalen, ein kleiner Teil jedoch reicht bis in hessisches Gebiet hinein. Dazu zählt auch der Diemelsee, der nur zu einem Bruchteil zu NRW gehört. Entlang seines Ufers in Heringhausen, und somit in Hessen, steht die zweitlängste Bank des Bundeslandes. Lange hatte sie den Status der längsten Bank inne, bis sie 2018 getoppt wurde.

Dennoch sind ihre Ausmaße rekordverdächtig, denn sie wurde aus einem einzigen, exakt 26,42 Meter langen Douglasienstamm geschaffen. Dabei kommt sie auf ein Gesamtgewicht von sagenhaften vier Tonnen. Mit Blick auf den See können hier gut 63 Personen Platz nehmen und die Aussicht auf die vorbeiziehenden Personenschiffe genießen.

Nach einer gemütlichen Pause auf der Bank und ein paar Erinnerungsfotos ist in Heringhausen noch einiges zu entdecken. Es gibt ein Strandbad, das an heißen Sommertagen zum erfrischenden Planschen im See einlädt, sowie ein Familien- und Erlebnisbad mit Indoor- und Outdoorbereich. Für Hundebesitzer gibt es eigens einen Hundestrand. Nicht weit entfernt liegt die Diemelsteighütte mit einem Minigolfplatz. Auf den Golfbahnen wurden 13 Sehenswürdigkeiten des Diemelsteigs nachgebaut. Im Naturparkzentrum Diemelsee befindet sich das Visionarium, eine interaktive Erlebnisausstellung mit Mitmachstationen für die ganze Familie. Auf zwei Etagen erfahren die Besucher Wissenswertes über den Diemelsee, die Staumauer und die Themen Wasser, Mensch, Natur. Cafés und Restaurants laden zum Verweilen ein, sportliche Menschen kommen beim Tretbootfahren oder Stand-up-Paddling auf ihre Kosten. Insgesamt ist der Diemelsee ein vielseitiges Ausflugsziel.

Die längste Bank Hessens mit 35,2 Metern, die ebenfalls aus einem Douglasienstamm gebaut wurde, steht übrigens in Bad Schwalbach am Waldsee. Somit haben die beiden Bänke wenigstens den herrlichen Seeblick gemeinsam.

Adresse Kirchstraße 6, 34519 Diemelsee-Heringhausen | **Anfahrt** A 46 bis zum Ende der Autobahn und weiter Richtung Brilon, im weiteren Verlauf der Beschilderung Richtung Diemelsee und Heringhausen folgen, Parkplatz an der Kirchstraße, von hier aus zu Fuß Richtung Seeufer weiter | **Tipp** Bei einer Seerundfahrt kann man den Diemelsee herrlich von der Wasserseite erkunden (www.seerundfahrten-diemelsee.de/de).

21 Der Dommelturm

Die höchste Erhebung am Diemelsee

Mitten im Naturpark Diemelsee erhebt sich der Dommel, der mit einer Höhe von 738 Metern über NN die höchste Erhebung der Region ist. Auf seinem Gipfel thront der Dommelturm. Wanderern ermöglicht er von oben ein herrliches Rundum-Panorama der Umgebung. Er gehört zu den eher weniger bekannten Aussichtstürmen und ist vom Wanderparkplatz auch mit kleinen Kindern gut zu erreichen.

Der Dommelturm ist insgesamt 14 Meter hoch und sogar für Menschen mit Höhenangst gut zu bewältigen, zumal sich rund um die Aussichtsplattform Geländer in sicherer Höhe befinden. In allen Himmelsrichtungen erläutern Informationstafeln die Namen der umliegenden Ortschaften und Berge, die es zu sehen gibt.

Seit über 110 Jahren befindet sich hier ein Aussichtsturm, die heutige Konstruktion ist bereits der vierte Dommelturm. Wind und Wetter setzen den Bauten in dieser exponierten Lage stets zu, sodass sie erneuert werden mussten. In den 20er Jahren musste der erste Dommelturm weichen, 1974 wurde die zweite Version durch einen Neubau ersetzt, der bis 2006 überlebte und dann gesperrt wurde, weil das Betreten zu gefährlich geworden war. So wurde auch der dritte Turm abgerissen und im Folgejahr durch den heutigen Dommelturm ersetzt. Er besteht nunmehr aus einem stabilen Stahlskelett und ist mit Lärchenholz verkleidet, sodass er schön mit dem Landschaftsbild verschmilzt.

Über eine Stahltreppe gelangt man auf die Aussichtsplattform. Der Dommelturm ist ein Etappenziel des Diemel- und Uplandsteigs, kann aber auch über den kurzen und knackigen Anstieg vom nahe gelegenen Wanderparkplatz erreicht werden. Gleich neben dem Aussichtsturm befindet sich eine Schutzhütte für ein Picknick, wer es sonniger mag, lässt sich auf der Wiese oder auf einer Bank nieder. Hier oben ist es nie überlaufen, sodass der Aussichtspunkt wahrlich noch als Geheimtipp betrachtet werden kann.

Adresse Am Dommel, 34519 Diemelsee-Ottlar | Anfahrt A 46 bis zum Ende der Autobahn, der Beschilderung nach Willingen folgen, dort scharf links auf die Schwalefelder Straße und zum Abzweig Dommelturm, links ab und bis zum Parkplatz, von hier Fußweg etwa 600 Meter | Öffnungszeiten immer | Tipp Unweit vom Dommelturm am Rande von Ottlar befindet sich ein idyllischer Spielplatz mit Tretbecken und Picknickplatz.

22 Das Stonehenge von Drolshagen

Mystik oberhalb der Listertalsperre

Fast wie Großbritannien hat auch das Sauerland sein eigenes Stonehenge. Zwar ist es im Vergleich zu seinem berühmten Vorbild nur die kleine Version, dennoch macht sich auch hier ein Hauch des sagenumwobenen Flairs breit. Die Steinsäulen stehen oberhalb der Listertalsperre und der Ortschaft Wörmge auf einem Feld, sodass sie auf Luftaufnahmen als mystischer Ring erscheinen. Sie sind rund um einen Findling in der Mitte des Kreises angeordnet und geben der Gegend eine geheimnisvolle Aura.

Eigentlich heißt das Stonehenge von Drolshagen »Zyklus«. Das Kunstwerk ist Bestandteil eines sieben Kilometer langen Rundwegs, der sogenannten KuLTour. Dabei stehen der Buchstabe K für Kunst und L für Landschaft; beides soll sich auf diesem Weg miteinander vereinen. Entlang des Weges gibt es noch viele andere Must-sees.

Geschaffen wurde die KuLTour mit ihren Kunstwerken bereits 2007 als Projekt des Vereins Drolshagen Initiativ e.V. Unter künstlerischer Leitung haben sich zwölf kreative Frauen ans Werk gemacht und verschiedene Objekte, Skulpturen, Figuren, Bauminstallationen und vieles mehr geschaffen. Einige davon sind vergänglich, andere nicht. Allen ist aber gemeinsam, dass sie sich harmonisch mit der Natur verbinden. Während manche dabei sofort ins Auge springen, muss man andernorts genau hinsehen. Es macht also Sinn, auch auf die Details am Wegesrand zu achten, um nichts zu verpassen. Wer sich auf der KuLTour beobachtet fühlt, mag da vielleicht gar nicht so falschliegen. Nicht nur das Stonehenge versprüht einen Hauch von Magie, auch die Figuren und Augen, die den Betrachter aus der Gegenrichtung anstarren, wirken geheimnisumwittert.

Das Stonehenge selbst ist vom Ausgangspunkt in kurzer Zeit erreicht, sodass nicht die komplette KuLTour erwandert werden muss. Hier ist zudem der ideale Platz für ein Picknick im Sonnenschein.

Adresse Kalberschnacke 4, 57489 Drolshagen-Kalberschnacke | **ÖPNV** Buslinie R 52 bis Haltestelle Kalberschnacke, von hier zu Fuß weiter | **Anfahrt** A 45, Ausfahrt Drolshagen, links L 708 folgen über Schreibershof und Herpel bis zur Listertalsperre und weiter zum Wanderparkplatz Kalberschnacke, von hier zu Fuß auf dem »KuLTour«-Wanderweg gegen den Uhrzeigersinn | **Tipp** Unweit von Wörmge steht in Sondern am Biggesee der einzige Seebahnhof Nordrhein-Westfalens. Daneben befindet sich ein Strandbad. Für Speis und Trank ist auch gesorgt.

23 Das DampfLandLeute-Museum

Eine Zeitreise durch die Geschichte

Das Museum DampfLandLeute in Eslohe entführt den Besucher in eine andere Zeit. Das wird schon bei der Ankunft klar. Die idyllischen Bachläufe der Salwey umschließen das Areal, das nur über eine Brücke zu erreichen ist. Auf dem Gelände stehen bezaubernde historische Gebäude, die einst dem Werkzeug-, Gelenkketten- und Maschinenfabrikanten Eberhard Koenig (1908–1981) gehörten. Seine Villa mit dem spitzen Türmchen und den Arkaden ist hier genauso zu finden wie seine private Kraftmaschinen-Sammlung, die 1981 den Grundstein für die Eröffnung des Museums gelegt hat.

Schon auf dem frei zugänglichen Außengelände ist viel zu entdecken. Das ganze Areal wirkt wie eine übergroße Modellbaulandschaft mit den Gleisen der Museumseisenbahn, den Weichenhebeln, dem Wasserrad, das munter das Wasser der Salwey schaufelt, der Statue des einstigen Fabrikanten und zahlreichen anderen Exponaten.

Das DampfLandLeute-Museum bringt den Besuchern seine Themen sehr anschaulich nah. Während sich beim »Dampf« alles rund um die Dampfgeschichte zur Jahrhundertwende dreht, spiegeln »Land« und »Leute« die Arbeit der Menschen auf dem Land wider. Ziel des Museums ist es, die tägliche Lebenswelt der Vergangenheit in der Region im Vergleich zu heute zu zeigen – »hautnah und zum Anfassen«. So werden alte Handwerksberufe veranschaulicht, die frühere Feuerwehr sowie die landwirtschaftliche Entwicklung der Umgebung. Über 2.000 Quadratmeter Ausstellungsfläche sind seit der Eröffnung entstanden. Seitdem wurde die Sammlung fortwährend gepflegt, ergänzt und den Besuchern präsentiert.

Von April bis Oktober werden Fahrten mit der Museumseisenbahn angeboten. Zweimal jährlich finden die Esloher Dampftage statt. Bei dem dampfenden Fest zeigen sich alle historischen Maschinen in Aktion, und für ein gastronomisches Angebot ist auch gesorgt.

Adresse Homertstraße 27, 59889 Eslohe | ÖPNV Buslinie 445 bis Halstestelle Eslohe Museum | Anfahrt A 46 bis Ausfahrt Wennemen und der Beschilderung nach Eslohe folgen, am Kreisverkehr 1. Ausfahrt nehmen und bis zum Museum fahren | Öffnungszeiten Museum: Mi–Sa 14–17 Uhr, April–Okt. außerdem So 10–16 Uhr, Nov.–März So 10–13 Uhr; Fahrten mit der Museumseisenbahn: April–Okt. an jedem 1. und 3. Sa des Monats, www.museum-eslohe.de | Tipp In Eslohe lädt das Esselbad zu einem freudigen Badevergnügen ein (www.eslohe.de).

24 Essel-Bräu

Wo das Bierabitur gelehrt wird

Hopfen und Malz, Gott erhalt's! – Diese Phrase prägte bereits im Mittelalter den Genuss des Bieres, den manch einer in dieser Zeit mit seinem Leben bezahlte. Glücklicherweise wurde schließlich im Jahr 1516 das Deutsche Reinheitsgebot verabschiedet. Es ist die älteste lebensmittelrechtliche Vorschrift der Welt, erlassen vom bayerischen Herzog Wilhelm IV. Sie gilt noch heute und natürlich auch im Sauerland.

Da gibt es große und weltweit bekannte Brauereien, aber auch kleine Familienbetriebe. Essel-Bräu heißt die Bierspezialität, die aus Eslohe stammt und liebevoll nach dem alten Namen der Stadt benannt ist. Helles Pilsener und dunkles Landbier werden hier das ganze Jahr über – bereits seit 1988 – frisch gebraut und in der Domschänke gezapft. Im Frühjahr und im Winter kommen Bierkenner in den besonderen Genuss des Maibockbiers und des Weihnachtsbockbiers. Die Domschänke befindet sich gleich gegenüber der Brauerei in einem hübschen Fachwerkhaus im Angesicht der Kirche St. Peter und Paul. Urgemütlich wirkt der Standort mit seinem dörflichen, eben typischen Sauerländer Charme.

Wer die Brautradition hautnah erleben möchte, kann sich zu einem Bierseminar anmelden und an nur einem Tag gleich sein Bierabitur machen. Schneller hat man keinen Abschluss in der Tasche. Eine Brauereiführung, die auch einzeln gebucht werden kann, ist natürlich Bestandteil des Seminars. Hierbei lernen die A«bier«turienten in einem zweistündigen Crashkurs, wie aus bestem Sauerländer Quellwasser, Hopfen, Malz und Hefe das Essel-Bräu hergestellt wird. Die Abiturprüfung findet am Abend statt.

Als Andenken lässt sich das frische Bier auch mit nach Hause nehmen. Allerdings sollte es dort schnell verzehrt werden, denn es hält sich nur circa 14 Tage, da es unfiltriert und naturtrüb ist. Für häufigen Genuss empfiehlt es sich also, regelmäßig vorbeizukommen. In diesem Sinne: Prost!

Adresse St.-Rochus-Weg 1, 59889 Eslohe | **ÖPNV** Buslinien 443, B 446 bis Haltestelle Eslohe Toelckestraße, zu Fuß noch etwa 240 Meter | **Anfahrt** A 46 bis Ausfahrt Wennemen und der Beschilderung nach Eslohe folgen, von der Hauptstraße rechts in Tölckestraße und bis zum Brauhaus fahren | **Öffnungszeiten** Informationen unter www.essel-braeu.de/brauerei | **Tipp** Im Kurpark von Eslohe befindet sich ein Minigolfplatz, der zu einer heiteren Partie einlädt.

25 Der Felsenkeller

Die wohl kürzeste Brauereigeschichte im Sauerland

Viel ist über die Geschichte des Reister Bieres nicht bekannt, denn eine langjährige Tradition hat sich hieraus nicht entwickelt. Doch es war wohl im Jahr 1857, als der damals 23-jährige Friedrich Kenter seinen Vater Adam Kenter mit seiner Begeisterung für die Idee ansteckte, eine eigene Brauerei zu gründen. Er hatte auf einer Wanderschaft viel über die Kunst des Bierbrauens gelernt und sein Wissen mit zurück nach Hause gebracht. So wurde das Wirtschaftsgebäude des Bauernhofs umgebaut, damit die Braueanlagen ihren Platz finden konnten. Sogar eine eigene Leitung für die Zuführung des Quellwassers vom Südhang des Büemker Berges wurde errichtet. Angefangen bei der Ernte des Hopfens und dessen Trocknung entstand das Reister Bier in enorm viel Handarbeit.

Der Felsenkeller wurde geschaffen, nachdem die Kühlmöglichkeiten für das Bier nicht mehr ausreichten. 150 Meter vom Hof entfernt wurde deshalb der Stollen in den Felsen gegraben. Zur Kühlung wurde im Winter Eis aus dem gegenüberliegenden Bach geschnitten und in einem Seitenstollen gelagert. Dadurch konnte das Bier über mehrere Monate kühl gehalten werden.

Am 23. September des Jahres 1875 beendete jäh ein Feuer in der Malzdarre die Geschichte der Reister Bierbrauerei, der Felsenkeller wurde fortan nicht mehr genutzt. Im Zweiten Weltkrieg diente er den Einwohnern von Reiste als Luftschutzbunker. Anschließend verfiel er zusehends trotz einiger Erhaltungsmaßnahmen. 2009 entschied sich die Abteilung Reiste des Sauerländischen Gebirgsverein e. V. dazu, den Felsenkeller zu sanieren und wieder für die Öffentlichkeit zugänglich zu machen. Besichtigungsanfragen können an den SGV gerichtet werden.

Auf dem Vorplatz des Felsenkellers lädt eine Schutzhütte mit Bänken und Tischen zu einer entspannten Rast ein. Der Ort ist auch offizieller Rastplatz des Sauerland-Höhenflugs.

Adresse Zum Felsenkeller, 59889 Eslohe-Reiste | **ÖPNV** Buslinien S 70, 444 bis Haltestelle Reiste, zu Fuß in Fahrtrichtung, rechts in den Heerweg bis zum Abzweig Zum Felsenkeller, schräg über die Straße | **Anfahrt** A 46 bis Ausfahrt Wennemen und der Beschilderung Richtung Calle, später Reiste, folgen, in Reiste links in die Straße Zum Felsenkeller, das Ziel befindet sich wenig später auf der linken Seite | **Öffnungszeiten** Besichtigungen unter www.sgv.reiste.net/sgv/felsenkeller_besichtigung.php | **Tipp** Um Reiste herum ist alles riesig. Es gibt Riesenbuntstifte, eine Riesenbank und eine Riesen-Buntglas-Stele beim Wandern auf dem Kapellenweg zu entdecken.

26__Der Einbergsee

Natürliche Badefreuden im Stausee

Der Esmecke-Stausee, der auch Einbergsee oder Stauanlage Wenholthausen genannt wird, befindet sich unweit der Ortschaft Eslohe-Wenholthausen und gehört mit Sicherheit zu den kleinsten Stauseen des Sauerlands. Gespeist wird das künstlich angelegte Gewässer vom Esmecke-Bach. Da diesem im Hochsommer kein Wasser entnommen wird, erwärmt sich der See recht schnell und wird deshalb gerne zum Baden genutzt. Ein vom DLRG in der warmen Jahreszeit bewachter Badestrand, eine weitläufige Liegewiese und eine bewirtschaftete Hütte sorgen für eine angenehm natürliche Freibadatmosphäre. Der Zugang zu diesem kleinen, idyllischen Paradies ist kostenlos. Wassersport ist hier genauso möglich wie angeln.

Obwohl eine Straße am Esmecke-Stausee vorbeiführt, ist er beim bloßen Vorbeifahren nicht zu erkennen, zu versteckt liegt er im dichten Grün. Deshalb ist er hauptsächlich Ortskundigen und Einheimischen bekannt. Lediglich der Kiosk ist unter Motorradfahrern ein beliebter Treffpunkt. Fast täglich, außer montags, kann an der Hütte mit Blick auf den See das ganze Jahr über eingekehrt werden. Das gastromische Angebot bietet für jeden etwas und hält auch für Vegetarier Speisen bereit.

Gebaut wurde der 17 Meter hohe Staudamm des Sees im Jahr 1971 aus Felsschüttmaterial. Die Länge seiner Dammkrone beträgt etwa 100 Meter, sie darf lediglich von Fußgängern beschritten werden. Etwa 25.000 Kubikmeter Wasser stauen sich im Esmecke-Stausee, dessen Länge sich auf 300 Meter beläuft. Umgeben von Wald ist er zu jeder Jahreszeit ein schönes Ausflugsziel. Auch Wanderungen können von hier begonnen werden, einmal um den See herum beträgt die Strecke in etwa einen Kilometer. Dabei geht es vorbei am Zulauf vom Bach sowie an den Liegewiesen. Rastplätze laden zum Verweilen ein. Das eher unbekannte Naherholungsgebiet im Naturpark Sauerland-Rothaargebirge ist das ideale Ziel für Ruhe- und Erholungsuchende.

Adresse Parkplatz »Am Einbergsee«, L 541, 59889 Eslohe-Wenholthausen | ÖPNV Buslinie 367 bis Haltestelle Wenholthausen, Sportsee, über den ausgeschilderten Fahrweg noch etwa 550 Meter | Anfahrt A 46 bis Ausfahrt Wennemen, Richtung Freienohl, links über die Ruhr und bis kurz vor Wenholthausen, links zum Parkplatz | Tipp In Grevenstein wurde 2021 der Bierbrau-Wunderweg eröffnet. An zehn Stationen erfährt man Wissenswertes und Kurioses über die Geschichte des Bieres und kann im Sommer an der hoch gelegenen Theke auch ein Kaltgetränk zu sich nehmen.

27__Der Hammerkotten

Wenholthausen im Kleinformat als Freilichtmuseum

Der Hammerkotten ist ein Rastplatz mitten im Wald. Das mag noch nicht sehr ungewöhnlich klingen, bei näherem Hinsehen entpuppt er sich allerdings insbesondere während der Sommermonate als ein ganz spezieller Ort. Bereits 1962 kam der Wanderfreund Willi Rüther auf die Idee, hier ein wasserbetriebenes Miniatur-Hammerwerk am Mathmecke-Bach nachzubauen. Im Laufe der Zeit entstanden weitere Gebäude im Kleinformat, die allesamt Nachbildungen von Häusern in Wenholthausen sind.

Die liebevoll gestalteten Fachwerkminiaturen zeigen die zwei Kirchen des Ortes, das Hotel Haus Hochstein und weitere markante Bauwerke. Die Besichtigung des Miniaturstädtchens unter freiem Himmel ist kostenlos und meist zwischen Ostern und Ende Oktober möglich. Danach werden die kleinen Häuser abgebaut und sicher über den Winter eingelagert.

Direkt neben Klein-Wenholthausen befindet sich eine Schutzhütte, die auch bei schlechtem Wetter einen überdachten Pausenplatz bietet. Ein klcines Wasserrad schaufelt hier das Wasser des Bachs, das sich etwas weiter unterhalb in einem Tretbecken staut. So ist an heißen Tagen auch eine Erfrischung für die Füße geboten. Gepflegt wird das Areal vom örtlichen Heimatverein.

Das lohnende Ausflugsziel begeistert Groß und Klein. Anschließend bietet sich ein Rundgang durch Wenholthausen selbst an, um die realen Bauten zu suchen und mit ihren Miniaturen zu vergleichen. Die umliegenden Gasthöfe sorgen für eine Stärkung nach der kleinen Waldrunde; nicht umsonst trägt der zweitgrößte Ort der Gemeinde Eslohe den Zusatz »kulinarischer Ort«. Wenholthausen verfügt im Übrigen über deutlich mehr Häuser, als es am Hammerkotten zu sehen gibt, immerhin müssen die knapp 1.500 Einwohner des Luftkur- und Ferienortes ja irgendwo leben. Vielleicht werden irgendwann noch mal ein paar besonders schöne Exponate ergänzt. Das wäre auf jeden Fall ein Anreiz wiederzukommen.

Adresse Wanderparkplatz Wenholthausen, Königstraße, 59889 Eslohe-Wenholthausen, barrierefrei | **ÖPNV** Buslinien 367, B 446 bis Haltestelle Wenholthausen, Hotel Zur Post, weiter zu Fuß | **Anfahrt** A 46 bis Ausfahrt Wennemen, Richtung Freienohl, links über die Ruhr, der Straße bis Wenholthausen folgen, vom Wanderparkplatz zu Fuß auf W6 | **Öffnungszeiten** Ostern – Okt. | **Tipp** Von der historischen Wennebrücke direkt am Parkplatz erkennt man den Zufluss des Mathmecke in die Wenne. Die hübsche Gewölbebrücke wurde im Jahr 1845 errichtet.

28 Faulebutter

Schmunzeln am Ortseingang

Wer in Faulebutter aus dem Auto steigt, rümpft unwillkürlich die Nase und fängt an zu schnuppern. Natürlich müffelt es hier nicht, allenfalls duftet es nach guter und frischer Landluft. Ganz einsam und mitten in der Natur liegt die winzige Gemeinde, die über eine schmale Landstraße erreichbar ist. Sie gilt nicht einmal als geschlossene Ortschaft und verfügt lediglich über eine grüne Ortshinweistafel mit der Aufschrift »Faulebutter«. Ein Schnappschuss sorgt hier sicher für so manchen Schmunzler.

Mit zwölf Einwohnern bricht die Ansammlung der wenigen Häuser sicher keine Rekorde, dafür aber mit ihrer ausgefallenen Namensgebung. Was heutzutage keinen Sinn zu machen scheint, ist auf die Entwicklung der Sprache und die früheren Lebensbedingungen zurückzuführen. Bei näherer Betrachtung wird schnell klar, dass der Name perfekt zum Standort passt: Weil der Ort aufgrund seiner Höhenlage eine deutlich kürzere Vegetationsperiode hat als andere Orte, die geschützter in Tälern oder Mulden liegen, bestand zu Zeiten, in denen es noch keine Düngemittel gab, häufiger die Gefahr von Ernteausfällen durch Fäulnis. Im Mittelniederdeutschen hieß faul damals vûl und Ernte bôt. Vûlbôt, »Faule Ernte«, wird also der Ursprung für den heutigen Namen Faulebutter gewesen sein.

Und obwohl der kleine Ort nur über wenige Häuser und Einwohner verfügt, gibt es im Zentrum einen Landgasthof, der sich bei Radfahrern, Wanderern und Motorradfahrern gleichermaßen hoher Beliebtheit erfreut.

Dazu ist Faulebutter sicherlich mit einer der kleinsten Orte des Sauerlands, wenn nicht sogar Deutschlands, der über eine eigene Webseite verfügt. Hier finden sich Informationen rund um die Namensgebung sowie Tipps zum Wandern und Radfahren und vieles mehr. Ein Wanderparkplatz befindet sich am Ortsein- beziehungsweise Ausgang – je nachdem, aus welcher Richtung man kommt.

Adresse 57413 Finnentrop-Faulebutter, www.faulebutter.de | ÖPNV Buslinie L 531 bis Haltestelle Weuspert, bis Faulebutter noch rund fünf Minuten | Anfahrt A 445/A 46 bis Ausfahrt Neheim-Hüsten, über B 229 bis Hachen, links auf Hachener Straße bis Sundern, hier rechts auf die Hauptstraße (später L 519) abbiegen und dem Straßenverlauf folgen, am Abzweig Röhr rechts L 519 verlassen und bis Faulebutter | Tipp Andere lustige Ortsschilder im Sauerland, die witzige Fotospots sind, heißen: Helden, Anschlag, Husten. Auch Bremen und Recklinghausen sind in der Region zu entdecken.

29 Der Wurst-O-Mat

Dicke Sauerländer kommen aus dem Automaten

Jeder kennt sie von früher, die roten Kaugummiautomaten, die mittlerweile Raritäten im Stadtbild sind und doch hier und da noch auftauchen. In Finnentrop steht der wohl einzige Wurst-O-Mat, aus dem es 24 Stunden rund um die Uhr »Dicke Sauerländer Würste« der Firma Metten gibt. Natürlich ist er deutlich größer als die kleinen Süßigkeitenautomaten, und er hängt auch nicht an einer Hauswand, dafür erfüllt er aber den gleichen Zweck: Er hat immer geöffnet, an 365 Tagen im Jahr; egal ob man nachts plötzlich Hunger bekommt oder am Sonntag spontan grillen möchte.

Er steht gleich vor dem Werksverkauf des Unternehmens Metten. Neben den traditionellen »Dicken Sauerländern«, den klassischen Bockwürsten, die es schon seit über 60 Jahren gibt, lassen sich hier auch Grillwürste in verschiedenen Geschmacksvariationen aus dem Automaten ziehen. Somit ist für reichlich Auswahl gesorgt, selbst wenn die Supermärkte längst geschlossen haben. Wer darüber hinaus noch mehr benötigt, muss zu den Öffnungszeiten des Werksverkaufs vorbeischauen.

Der Einkauf am Wurst-O-Mat ist denkbar einfach, wen auf einer Radtour plötzlich der kleine Hunger packt, der kann direkt bis vor den Automaten vorfahren; das geht im Geschäft nicht. Auch wer mit seinem Hund unterwegs ist, braucht diesen nicht vor dem Laden anzuleinen, wenn es im Auto zu heiß ist. Und wenn er brav war, bekommt der Vierbeiner vielleicht auch ein kleines Stückchen ab. Parkplätze gibt es für das Auto genügend. Praktischer könnte also Einkaufen nicht sein. Fehlt nur noch ein Brot-O-Mat daneben, um passend zur Bockwurst auch noch ein knuspriges Brötchen zu ziehen.

Die Firma Metten ist ein sauerländisches Familienunternehmen, das im Jahr 1902 als kleine Landmetzgerei angefangen hat. Nach mittlerweile über 120 Jahren wird das Unternehmen bereits in der vierten Generation geführt, über 450 Mitarbeiter und Mitarbeiterinnen finden hier einen Arbeitsplatz.

Adresse Industriestraße 2a, 57413 Finnentrop-Frielentrop | **ÖPNV** Buslinien 335, L 53 oder TaxiBus Linie R 80 (tel. Voranmeldung) bis Haltestelle Finnentrop Habbecke, zu Fuß der Straße folgen, links in die Industriestraße | **Anfahrt** A 46, Ausfahrt Iserlohn-Oestrich, weiter über B 236 bis ans Ziel | **Öffnungszeiten** immer | **Tipp** Auf kurzem Fußweg zu erreichen: die Aussichtsplattform »Lichtblick LenneSchiene« mit Ausblick auf die Lenne und ein ehemaliges Tunnelportal.

30__Der StoppOmat

Die Tour de Sauerland für flotte Radler

»Auf die Plätze, fertig, los«, heißt es am StoppOmat. Diese Tour de Sauerland ist zwar nicht die Tour de France, dafür braucht man aber auch nicht zu den Profis zu gehören, um eine Starterlaubnis zu erhalten. Hier kann jeder, der Spaß am Bergfahren hat, teilnehmen. Dabei wird auf einer Strecke von 4,5 Kilometern ordentlich in die Pedale getreten, denn es sind insgesamt 250 Höhenmeter zu überwinden.

Der offizielle Startpunkt des Rennens befindet sich am Pumpspeicherwerk Rönkhausen an der Glingebachtalsperre. Das Ziel liegt am Oberbecken. Auf dieser vorgegebenen Strecke, die gut asphaltiert ist und ideale Verhältnisse bietet, können Rennradfahrer gegen sich selbst, gegen die Zeit und gegen andere Mitstreiter antreten. Die Zeiten werden im Internet veröffentlicht, sodass es auch eine Rangliste über die Jahre hinweg gibt. Die Teilnahme an diesem besonderen Rennen ist ganz einfach. Am Startpunkt löst der Radler sein Ticket, und dann geht es ab auf die Strecke, denn die Zeit läuft. Am Ziel befindet sich wieder ein Automat, in den das Ticket bei Ankunft geschoben und damit die Zeit gestoppt wird.

Das Gute am StoppOmaten ist, jeder entscheidet selbst, wann er startet und wie oft. Auf der Strecke gibt es kein Gedrängel; allerdings auch kein applaudierendes Publikum. Der StoppOmat ist ein rasantes Highlight für alle Radler und ein sinnvoller Trainingsbestandteil mit echter Zeitmessung. Die Ergebnisse stehen nach dem Zieleinlauf auf der Homepage und können dort verglichen werden. Zwar gibt es keinen direkten Konkurrenten während des Rennens, aber genug Ansporn, um ein weiteres Mal zu starten.

Die Strecke in Rönkhausen ist die erste Strecke im Sauerland für Bergzeitfahren und Teil der Bike-Arena. Eröffnet wurde sie im Mai 2014. Deutschlandweit gibt es mehrere dieser StoppOmaten, die alle im Internet aufgerufen werden können, unter anderem am Feldberg im Taunus und am Königstuhl bei Heidelberg.

Adresse Glinge, 57413 Finnentrop-Rönkhausen, www.stoppomat.de | ÖPNV Buslinie R 80 bis Glinge Lindenhof, zu Fuß oder mit dem Rad der Straße folgen | Anfahrt B 236, in Rönkhausen im Kreisverkehr Richtung Pumpspeicherwerk, der Weg ist ausgeschildert, ein kleiner Parkplatz befindet sich direkt am Startpunkt | Öffnungszeiten etwa Mitte März–Mitte Okt. | Tipp Einen Ausblick über die Region gibt es vom nahe gelegenen Aussichtsturm Schomberg in Wildewiese (Navi: Wildewiese 13, 59846 Sundern).

31 Das Eishäuschen

Das kleinste und coolste Museum von NRW

Das Eishäuschen im Hallenberg ist das kleinste und coolste Museum in NRW. Auf 23 Quadratmetern zeigt der Künstler Joachim Knorra seine selbst gefertigten Skulpturen aus Eis und erzählt viel Wissenswertes über die Geschichte des Eishäuschens und seine Arbeit.

Das Eishäuschen in seiner heutigen Form wurde 1950 von der Dortmunder Actien-Brauerei errichtet. Zu dieser Zeit gab es in Hallenberg eine stattliche Anzahl an Gastwirtschaften, die in den Sommermonaten eine Kühlung für das auszuschenkende Bier benötigten. Und so wurden in den kalten Wintermonaten aus den umliegenden Bächen Weife und Nuhne mit Manneskraft große Eisblöcke geschlagen und im Eishäuschen Stück für Stück, getrennt mit Stroh, damit sie nicht zusammenfrieren, gestapelt. Der Vorrat reichte dann über den Sommer, um das Bier in den Gaststätten zu kühlen – bis in die 60er Jahre, dann ermöglichte der technische Fortschritt eine einfachere Kühlung.

Das Eishäuschen stand leer und begann zu verfallen, als Joachim Knorra auf die Idee kam, es für seine Eisskulpturen als Ausstellungsfläche zu nutzen. 2010 wurde schließlich das coolste Museum NRWs eröffnet. Bei der Eröffnungsfeier musste der Bürgermeister von Hallenberg kein Band durchschneiden, sondern einen Eisblock durchsägen.

Seit über 30 Jahren widmet sich Joachim Knorra bereits seinen Eisskulpturen. Der Aufwand ist enorm. Allein acht Tage benötigt ein 50 Kilogramm schwerer Eisblock in der Größe 65 mal 40 mal 22 Zentimeter, um durchzufrieren. Etwa zwei bis 2,5 Stunden dauern die Arbeiten an einer Skulptur mit speziellen japanischen Eismeißeln, die aus demselben Stahl wie Samurai-Schwerter sind. 2,5 Tonnen Eis werden im September für den Winter eingefroren. Sie werden im Laufe der Monate für neue Ausstellungsstücke, Objekte für Hochzeiten, Geburtstage und Co., Live-Auftritte und Schnitzseminare verwendet.

Adresse Merklinghauser Straße 51, 59969 Hallenberg | ÖPNV Buslinien S 50, R 44, 364 bis Hallenberg, Heinrich-Hugo-Platz, zu Fuß noch etwa 250 Meter der Straße folgen | Anfahrt A 46 bis zum Ende der Autobahn, rechts über B 480 bis Winterberg, über B 236 bis zum Ziel in Hallenberg | Öffnungszeiten jeden 1. und 3. Sa im Monat 15 – 17 Uhr, aktuelle Infos unter: www.eishaeuschen-hallenberg.de | Tipp In Hallenberg gibt es eine Brauerei, die aus einheimischen Zutaten, inklusive Hopfen aus der Region, ihr eigenes Bier braut. Besichtigungen und sogar Brauseminare sind möglich (www.hallenberger-landbier.de).

32 Die Heesfelder Mühle

Wo man den Herbstprinzen trifft

Die Heesfelder Mühle ist eine Wassermühle. 1465 wird sie erstmals urkundlich erwähnt, ihr wahres Alter wird aber auf stolze 700 Jahre geschätzt. Im Laufe dieser Zeit leistete sie Dienste als Korn-, Öl- und Knochenmühle. Als das Gebäude am Ende des 19. Jahrhunderts einem Feuer zum Opfer fiel, ließen es sich die Heesfelder nicht nehmen, ihre Mühle wieder aufzubauen. Heute ist sie zwar nicht mehr in ihrer ursprünglichen Funktion in Betrieb, dafür wird sie vom Verein Heesfelder Mühle e. V. gehegt und gepflegt. Über das Wasserrad plätschert noch immer das Wasser der Hälver. Es treibt entweder das historische Mahlrad oder einen Generator an, der umweltfreundlichen Strom erzeugt.

Direkt neben der Mühle liegt das Denkmal Heesfelder Schule. Sie wurde 1782 durch die Halveraner Bauern errichtet, die ihren Kindern Unterricht in einer eigenen Dorfschule ermöglichen wollten. Heute kann in dem einstigen Klassenraum geheiratet werden. Er dient als Außenstelle des Standesamtes der Stadt Halver.

Hauptaugenmerk des Vereins Heesfelder Mühle sind der Naturschutz und die Kulturlandschaftspflege. In den historischen Gebäuden werden Veranstaltungen zur Umweltbildung und kulturelle Events durchgeführt. Auf den umliegenden Flächen sind Streuobstwiesen angelegt worden. Dabei wurde insbesondere auf alte Obstsorten gesetzt, die heutzutage in den Supermärkten kaum noch zu finden sind. Hübsch klingende Namen wie »Finkenwerder Herbstprinz«, »Goldrenette von Blenheim«, »Köstliche von Charneux« oder »Horneburger Pfannkuchenapfel« wecken die Lust auf das erfrischende Obst.

Das Café Heimatliebe lockt mit einem genussvollen Angebot vom Frühstück bis zum Abendbrot. Das macht die Heesfelder Mühle zu einem bezaubernden Ausflugsziel. Wer sich noch etwas die Beine vertreten möchte, kann dazu auch die direkt vor der Mühle beginnenden Wanderwege nutzen.

Adresse Heesfelder Mühle 1, 58553 Halver-Heesfeld, teilweise barrierefrei | ÖPNV Buslinie 55 bis Haltestelle Heesfeld-Halver | Anfahrt A 45 bis Ausfahrt Hagen Süd, in Richtung Eilpe, an der Kreuzung mit der B 54 rechts und bis Schalksmühle, rechts in Hälverstraße und geradeaus bis zum Hinweisschild Heesfelder Mühle, hier links | Öffnungszeiten Termine unter www.heesfelder-muehle.de | Tipp In Halver selbst befinden sich ein Kletterwald sowie ein Waldfreibad, um den Ausflug abzurunden.

33 Die Schleifkottenbahn

Mit dem Fahrrad auf Schienen radeln

Eine Fahrradtour der besonderen Art bietet sich zwischen den Orten Halver-Oberbrügge und Halver an. Auf einer Strecke von insgesamt 6,5 Kilometern radelt man auf den Schienen einer ehemaligen Eisenbahnstrecke mit Fahrrad-Draisinen.

Die Fahrt führt über eines der verbliebenen Teilstücke der früheren Wuppertalbahn. Die Bahnstrecke wurde aufgegeben und teilweise zurückgebaut, um 1980 Platz für den Bau der Wupper-Talsperre bei Radevormwald zu schaffen. Seit 2015 ist die Draisinenbahn zwischen Oberbrügge und Halver im Einsatz. Angetrieben wird sie mit der Muskelkraft der Radelnden – und die braucht es, um die Hinfahrt zu bewältigen, denn es geht stramm bergauf. Da kommen die menschlichen Dampfloks mächtig ins Schnaufen, um die Draisine nebst Mitreisenden und Gepäck anzutreiben. Schöner als Achterbahnfahren ist dafür die Rückfahrt bergab, während derer man die vorbeiziehende Landschaft mühelos genießen kann.

Absolutes Highlight der Tour ist die Durchquerung eines 304 Meter langen und stockdunklen Tunnels, der durchaus Geisterbahnfeeling bereithält. Schon bei der Zufahrt auf das finstere Tunnelportal kann es einem mulmig werden, wenn einem ein kalter Hauch entgegenweht. Für etwas Licht im Tunnel bekommt man bei der Abfahrt eine Taschenlampe ausgehändigt.

Die Schleifkottenbahn ist ganzjährig in Betrieb. Im Hochsommer ist nach Absprache auch eine Tour am Abend möglich. Vor der Abfahrt gibt es eine ausführliche Einweisung in den Umgang mit dem ungewöhnlichen Gefährt. Insgesamt dauert die Reise rund drei Stunden. Wer in Halver einen ausgiebigen Zwischenstopp einlegen möchte, um die Umgebung zu erkunden, den Kletterpark oder das Freibad zu besuchen, kann die Rückfahrt nach hinten verlegen und das Erlebnis auf bis zu neun Stunden ausweiten. Sogar ein Prosecco-Empfang und die Verbindung der Tour mit einem Grillevent sind buchbar. Ein erlebnisreicher Tag ist garantiert.

Adresse Bergstraße 26, 58553 Halver-Oberbrügge | **ÖPNV** Bahnlinie RB 25, Buslinien 58, ALF 58, 134 bis Halver-Oberbrügge | **Anfahrt** A 45, Ausfahrt Meinerzhagen, in Richtung Ort auf B 54, bis Oberbrügge, rechts in Bergstraße, Parkplätze am Bahnhof | **Öffnungszeiten** ganzjährig, Abfahrtszeiten 10, 13 und 16 Uhr, im Sommer nach Absprache 19 Uhr, Informationen und Buchung unter www.schleifkotten-draisinenbahn.de | **Tipp** Wer nach der Fahrt mit der Draisine noch nicht genug Bewegung hatte, kann sich in Oberbrügge im Playfit Bewegungsparcours austoben.

34 Der ehemalige Truppenübungsplatz

Diese Ente in 3D ist keine F(l)inte

Hemer ist bekannt für das Felsenmeer und den Sauerlandpark. Gleich daran angrenzend liegt jedoch noch ein ganz anderes sehenswertes Gelände, das neben den prominenten Orten eher unscheinbar wirkt. Dabei handelt es sich um das Areal des ehemaligen Standortübungsplatzes Apricke. Direkt am Parkplatz, der auch den Besuchern des Sauerlandparks dient, steht die vermutlich größte Ente des Sauerlands – und das ist keine Finte.

Das bunte Wesen in dreidimensionaler Form hatte seinen Platz 2008 in der Landesgartenschau in Bingen, war damals noch gelb und hatte einen roten Schnabel. Dort stand sie auf der Ausstellungsfläche der »Landesforsten Rheinland-Pfalz« als Symbol für die Artenvielfalt der Tier- und Pflanzenwelt in Wäldern, die von Wasser beherrscht werden. An ihrem neuen Standort passt diese Symbolik in gewisser Weise immer noch. Der ehemalige Truppenübungsplatz steht zwar nicht unter Wasser, hat sich aber im Laufe der Jahre, sowohl während seiner militärischen Nutzung als auch danach, zu einem vielseitigen Lebensraum entwickelt. Wie die Ente nun hier gelandet ist, wissen sicher nur die, die sie eingeflogen haben.

Ein Teil der Fläche kann für ausgiebige Spaziergänge genutzt werden, ein weiterer Teil – über 60 Hektar – ist eingezäunt. Hier weiden Heckrinder und Nachkommen der Dülmener Wildpferde. Auch Schafe und Ziegen sorgen dafür, dass die alte Weidelandschaft erhalten bleibt.

Da fügt sich die bunte Ente gut ins Bild als Zeichen der Artenvielfalt, die auf dem ehemaligen Standortübungsplatz über die Jahre entstanden ist und die dort weiterhin gehegt und gepflegt wird. Die Ente ist ein fröhlicher Hingucker und mit ihrer überdimensionalen Größe kaum zu verfehlen. Das einzigartige Tierchen ist ein hübsches Erinnerungsfoto wert.

Adresse Deilinghofer Straße 71, 58675 Hemer | **ÖPNV** Buslinien 13, BBus Hemer 3 bis Haltestelle Sauerlandpark Hemer, zu Fuß über Deilinghofer Straße circa 1,2 Kilometer | **Anfahrt** A 45 bis Kreuz Hagen, weiter über A 46 nach Iserlohn, am Ende der Autobahn auf B 7, dem Straßenverlauf bis Hemer und hier der Beschilderung Sauerlandpark/Felsenmeer folgen | **Öffnungszeiten** immer | **Tipp** In Hemer lohnen sich auch ein Besuch des Sauerlandparks sowie des Felsenmeers. Der Ausgangspunkt zum Besuch der Attraktionen ist der gleiche.

35_Die Sagenbank

Mystischen Legenden am Waldrand lauschen

»Es war einmal ein Zwergenvolk, das lebte in der Nähe des Silbergs, früher ein großes Waldgebiet zwischen Herscheid und Lüdenscheid.« Mit diesen Worten beginnt die Sage vom Silberbaum im Silberg. Während magische Musik im Hintergrund erklingt, erzählt sie von dem friedlichen Völkchen, das in unterirdischen Höhlen im Berg wohnt, hier dem Abbau von Silber nachgeht und seinen Schatz, den Silberbaum, hütet. Eines Tages bekommen habgierige Menschen Wind davon, dass es im Silberg etwas zu holen gibt, und nur mit der List eines ganz kleinen Zwergs gelingt es dem Volk, die Menschen auf eine falsche Spur zu lenken und seinen Schatz zu beschützen.

Dies ist nur eine der Sagen, die sich rund um Herscheid, Meinerzhagen, Kierspe, Halver und Schalksmühle auf den Sagenbänken entdecken lassen. Wer sich auf einer dieser besonderen Bänke niedersetzt, taucht ein in eine Märchenwelt und lauscht gespannt den Worten des Erzählers. Mit etwas Glück hört man auf der Sagenbank in Herscheid vielleicht auch die silbernen Glöckchen an den Zwergenmützen bimmeln.

Die Sagenbank in Herscheid, die die Legende vom Silberbaum erzählt, befindet sich in einem Buchenwald am Fuße des Silbergs und ist recht einfach von der Straße zu erreichen. Alternativ führen aber auch der Herscheider Rundwanderweg oder der Lüdenscheider Rundwanderweg daran vorbei.

Das einzigartige Hörspielerlebnis ist Teil der Sagenwelt der Region »Oben an der Volme«. Alle Sagenbänke lassen sich online finden. Sie sind ungefähr an den möglichen Originalschauplätzen, an denen sich die Legenden zugetragen haben sollen, aufgestellt. Somit kann der Mystik der Legende in der Realität nachgespürt werden. Ein Smartphone und eine Internetverbindung werden allerdings zum Anhören des Hörspiels inmitten der Natur benötigt. Am besten nimmt man sich noch etwas Proviant für ein Picknick mit, während man den spannenden Geschichten lauscht.

Adresse L 879/Silbergstraße, 58849 Herscheid, Koordinaten 51.190465, 7.701905, https://visit.oben-an-der-volme.de/sagenkarte | **ÖPNV** Buslinien 254, N 7, 54 bis Lüdenscheid Silberg | **Anfahrt** A 45 bis Ausfahrt Lüdenscheid-Süd, auf L 562 Richtung Versetalsperre, nach der Unterführung links in L 879/Silbergstraße, die Bank befindet sich gleich rechts hinter den Bäumen auf Höhe der Überführung | **Tipp** Unweit entfernt auf der Nordhelle, der höchsten Erhebung des Märkischen Sauerlands, befindet sich der Robert-Kolb-Turm, dessen ursprüngliche Version Kaiser Napoleon zu Beginn des 19. Jahrhunderts errichten ließ.

36 Das 360-Grad-Sofa

Für Wolkengucker und Fernsichtgenießer

Wer sich mit dem Auto auf den Weg nach Wellin begibt, fragt sich unwillkürlich während der Fahrt, ob er nicht irgendwo ein Verkehrsschild »Durchfahrt verboten« oder »Anlieger frei« übersehen hat. Eine kleine Straße windet sich mitten durch den Wald den Berg hinauf und führt dort zu der winzigen Ortschaft. Ein schöneres Plätzchen hätten sich die wenigen Häuser, die hier oben stehen, kaum aussuchen können. Von der Bergkuppe bietet sich ein wunderbarer Ausblick über den Naturpark Sauerland Rothaargebirge.

Kein Wunder, dass ein Platz unweit der beschaulichen Siedlung für ein 360-Grad-Sofa ausgewählt wurde. Etwas abseits der Häuser steht es am Feldrand und wartet geduldig auf Wanderer oder Radfahrer. Die geschwungene Holzliege lädt zum Verweilen ein. Hier kann man sich niederlegen und den Blick in die Ferne schweifen lassen. Das Besondere daran ist, dass sich das Sofa drehen lässt. Somit kann der Blickwinkel jederzeit verändert werden. Der Betrachter schaut im Sommer über weitläufige und blühende Blumenwiesen sowie über Berge und Täler. In der Ferne erkennt man den Wixberg bei Altena, die Höhenzüge von Dingeringhausen und sogar die Konturen der Stadt Lüdenscheid.

Das 360-Grad-Sofa ist Bestandteil des Wanderweges Lingenbecke in Wellin. Der kurzweilige Rundweg ist gerade einmal 3,5 Kilometer lang und verläuft durch eine abwechslungsreiche Landschaft. Es geht durch bunte Blumenwiesen, angenehm schattige Wälder und vorbei am Quellgebiet der Lingenbecke und über die munter dahinplätschernde Hasmecke. Das 360-Grad-Sofa steht je nach gewählter Laufrichtung am Anfang oder Ende der Tour.

Der kleine Ausflug nach Wellin lohnt aber auch allein schon für den gemütlichen Aufenthalt auf dem Waldsofa, um einfach einmal abzuschalten, innezuhalten, die Beine hochzulegen, das Panorama zu betrachten, oder für ein kleines Picknick. Also einfach mal herkommen und mit allen Sinnen genießen!

Adresse Wanderparkplatz Wellin, 58849 Herscheid-Wellin | ÖPNV Buslinie 279 bis Haltestelle Wellin, Fußweg etwa fünf Minuten | Anfahrt A 45 bis Ausfahrt Lüdenscheid-Süd, weiter über L 561, bis Herscheid, links in Lüdenscheider Straße, erneut links in Räriner Straße, geradeaus bis Wellin, Fußweg etwa fünf Minuten | Tipp In Wellin befindet sich auch die Eierklappe; ein kleiner Hofladen, in dem es regionale Produkte zu erwerben gibt.

37_Die Fabrikanlage

Das Fachwerkdorf mit besonderem Werk-Charme

Maste-Barendorf bei Iserlohn ist ein Fach*werk*dorf im doppelten Sinne. Nicht nur, dass die Gebäude allesamt Fachwerkhäuser sind, nein, das ganze Ensemble ist ein eigenes kleines Dorf, in dem früher verschiedene handwerkliche Betriebe beheimatet waren. Demnach müsste es eigentlich als Fachwerkwerkdorf bezeichnet werden.

Seine Entstehung beginnt 1822 mit dem Bau eines Messingwalzwerkes. Es folgten eine Drahtzieherei, eine Eisengießerei und verschiedene Schmiedewerkstätten. Die Werksgründung ist zurückzuführen auf Johannes Dunker und Franz Maste, die bei der Planung überaus strategisch vorgingen, um die einzelnen Gewerke sinnvoll miteinander zu kombinieren und ihnen zu größtmöglichem Erfolg zu verhelfen. Die hergestellten Haushaltswaren wurden schließlich international verkauft.

Die historische Fabrikanlage vereint den Charakter eines Dorfes mit verschiedenen Gewerken, die heute eine besonders ausgefallene Museumslandschaft bieten. Dazu gesellen sich Kunst und Kultur. Rund um das Dorf sind Ausstellungsstücke zu bewundern, die in Verbindung zu den früheren Werksmaterialien stehen. Überdimensionale Nadeln wurden zum Beispiel aus Holz nachgebildet, die Skulptur einer Läuferin aus Draht geformt. Die Ateliers der Barendorfer Künstler sind auch gleich hier beheimatet. Im Bereich des historischen Herrengartens entsteht heute ein MitMachGarten, in dem Interessierte sich unter Anleitung an der Gestaltung beteiligen können.

Sogar auf dem Industriekulturellen Spielplatz werden die Besonderheiten der Fabrikanlagen aufgenommen. Kinder können im Nadelparcours beim Klettern, Rutschen und Balancieren dem Herstellungsprozess einer Nadel nachspüren. Rund um das Jahr finden immer wieder sehenswerte Veranstaltungen statt. Für das leibliche Wohl zwischendurch sorgt das Café Barendorf. Das gesamte Areal bietet somit ein abwechslungsreiches Erkundungsprogramm.

Adresse Baarstraße 220–226, 58636 Iserlohn, teilweise barrierefrei | **ÖPNV** Buslinien 22, 130, 222, R30 bis Haltestelle Barendorf | **Anfahrt** im Navi die Straße »Zum Schmelztiegel« eingeben; A46 bis Ausfahrt Iserlohn-Zentrum, von hier aus der Beschilderung zur historischen Fabrikanlage Maste-Barendorf folgen, Parkplätze sind vorhanden | **Öffnungszeiten** Informationen unter www.iserlohn.de/kultur/museen/historische-fabrikanlage-maste-barendorf | **Tipp** In Iserlohn lohnen sich zudem der Besuch der Dechenhöhle und des Deutschen Höhlenmuseums (www.dechenhoehle.de).

38_Das Fischgut Primus

Kaviar aus dem Sauerland & Europas größte Störe

Eine außergewöhnliche Fischzucht mit Erlebnischarakter befindet sich im Grüner Tal bei Iserlohn. Hier werden die wohl größten Störe Europas gezüchtet. Bei einer Erlebnisführung kann bei der Kaviar-Herstellung zugesehen werden; dazu gibt es Fischfeinkost zum Schlemmern.

Die Entstehung der außergewöhnlichen Fischzucht reicht fast 100 Jahre zurück. Verantwortlich für den Bau war 1926 der ehemalige Generaldirektor von Thyssen. Bis in die 50er Jahre wurden im Fischgut Bräke Salmoniden gezüchtet, deren Verkauf ordentlich florierte. Anschließend folgten mehrere Verkäufe und Pächterwechsel, und die Fischzucht stagnierte. Erst 1987 kam mit dem Fischwirt Lothar Primus neues Leben in die Anlage, die er Stück für Stück sanierte und erweiterte. 1993 begann er mit der Zucht von Lachsen und Stören. Später kam die Zucht von Zierfischen und Koi-Karpfen hinzu.

Das Wachstum forderte eine stetige Modernisierung der Technik, die heute sogar weltweit durch das Unternehmen verkauft und verbaut wird. Besonderes Augenmerk liegt bei der Fischzucht darauf, dass die Tiere unter naturnahen Bedingungen und in einer idyllischen Lage aufwachsen. Die Teiche werden nur so stark belegt, dass die Fische genügend Naturnahrung finden. Der Zufluss von Quellwasser und ein teilweiser Sandboden sorgen in den natürlichen Fischteichen für ein stressfreies Aufwachsen und Leben der Fische.

Besucher können bei einer Erlebnisführung mit und ohne Verköstigung in die Welt der Fischzucht einsteigen. Vom Einblick in die Kaviar-Herstellung, über romantische VIP-Führungen oder Baden mit dem Stör – das Angebot ist vielfältig. Weil Stören kein Fluchtreflex angeboren ist, lassen sie sich sogar streicheln, was für Kinder ein besonderes, einmaliges Erlebnis ist.

Im Hof- und Online-Verkauf lassen sich die hausgemachten Räucher- und Frischfischprodukte erwerben.

Adresse In der Bräke 8, 58644 Iserlohn | **ÖPNV** Buslinien 204, ALF 4 bis Haltestelle Stock In der Bräke, zu Fuß noch etwa 300 Meter | **Anfahrt** A 46, Ausfahrt Iserlohn-Oestrich, rechts auf B 236, in der nächsten Kurve links auf Untergrüner Straße in Richtung Dechenhöhle, dem Straßenverlauf über die Grüner Talstraße folgen, zuletzt noch mal links | **Öffnungszeiten** Mo, Mi–Fr 10–13 und 14–17 Uhr, Sa 10–13 Uhr, https://fischgut-primus.de | **Tipp** Selber fischen, oder Speisefische wie frisch geräucherte Forellen oder Lachsforellen kaufen, kann man im Anglerparadies Refflingsen in Iserlohn (www.sauerland-forellen.de).

39 Der Fritz-Kühn-Platz

Auf der Suche nach dem schönsten Fotospot

Auf der Suche nach dem schönsten Fotospot fällt die Entscheidung rund um den Fritz-Kühn-Platz in Iserlohn schwer. Die größte innerstädtische Grünfläche beeindruckt während einer Reise durch die Jahrhunderte rundherum mit historischen und schmucken Gebäuden, einer gotischen Kirche, barocken Bürgerhäusern, lieblichen Fachwerkbauten, einer alten Stadtmauer, einem ehemaligen Luftschutzbunker und einem beschaulichen Wasserlauf, der mitten durch das Areal plätschert.

Der Fritz-Kühn-Platz lädt zum Verweilen ein. Im Schatten großer Bäume kann man den Charme der Vergangenheit bei einem kleinen Picknick, mit einem Buch in der Hand oder einfach beim Entspannen genießen. Wer in Iserlohn die perfekte Location für einen Heiratsantrag sucht, wird rund um den Fritz-Kühn-Platz sicher fündig; auf der Freitreppe des Iserlohner Stadtmuseums, am Platz der Kulturen oder etwas bizarrer auf einem der Kreisverkehre »An der Schlacht«.

Im Stadtmuseum, das sich in einem von Iserlohns schönsten Barockgebäuden befindet, lässt sich die Geschichte der Stadt von der erdgeschichtlichen Entstehung bis ins 20. Jahrhundert erkunden. Nicht weit entfernt befindet sich das Museum für Handwerk und Postgeschichte, welches, wie der Name schon verrät, die Geschichte des Handwerks und der Post in der Region darstellt. Zu besichtigen ist auch der Luftschutzstollen, der im Krieg bis zu 2.000 Menschen Zuflucht geboten hat. Wer sich für Kirchengeschichte interessiert, sollte das älteste noch erhaltende Gebäude Iserlohns, die evangelische Bauernkirche, besuchen. Ihr Ursprung reicht bis ins Jahr 985 zurück. Etwas moderner wirkt dagegen die Marienkirche mit ihrer eindrucksvollen Lage auf dem Bilstein.

Vorbei an den alten Gemäuern der Altstadt wie dem Burgmannshaus, dem Zeughaus und dem Rampelmannschen Haus kann man hier einen ganzen Tag verbringen und die Stadt kennenlernen.

Adresse Fritz-Kühn-Platz, 58636 Iserlohn | **ÖPNV** Buslinien 1, 7, 11–17, 22, 130, 214, R 30 bis Haltestelle Fritz-Kühn-Platz | **Öffnungszeiten** Museen: www.iserlohn.de/kultur/museen | **Tipp** Ein Ausflug an den Seilersee rundet den Tag ab. Wandern, Baden, Minigolf, Bootsverleih, für ein buntes Freizeitprogramm ist gesorgt.

40 Der Fußballgolfplatz

Mit Schuss ins Ziel

Das Stadtmarketing von Kierspe hat sich bereits 2014 für kleine und große Sportler etwas ganz Besonderes einfallen lassen: Fußballgolf. Auf der dem professionellen Golfsport nachempfundenen Neun-Loch-Anlage geht es darum, das Runde, das normalerweise ins Eckige gespielt werden muss, ins Ziel zu bringen. Dies wiederum ist mal ein ausrangierter Treckerreifen, mal ein großer Kochtopf, der offene Kofferraum eines Autos oder eine andere Kuriosität.

Wie beim echten Golf gibt es Hinweisschilder mit einer Übersicht der zu spielenden Bahn. Darauf sind sowohl die Hindernisse, die passiert werden müssen, als auch die Spielvorgaben, das heißt, wie viele Schüsse in der Regel benötigt werden, vermerkt. Die Hindernisse müssen, je nach Art, durch-, über- oder unterspielt werden. Die Parcours sind zwischen 20 und 60 Metern lang und verfügen über unterschiedliche Schwierigkeitsgrade.

Das Gute am Fußballgolf ist, es kann unabhängig von der Tageszeit und vom Wetter gespielt werden. Zudem ist es das ganze Jahr über möglich und kostenlos. Lediglich ein eigener Ball muss mitgebracht werden, und entsprechendes Schuhwerk, wie Turnschuhe, ist sinnvoll. Stollen- und Noppenschuhe dürfen allerdings nicht getragen werden, damit das Grün nicht beschädigt wird. Insgesamt ist die Fußballgolfanlage eine prima Idee, um als Familie oder Freundeskreis ins Freie zu kommen, Bewegung an der frischen Luft zu genießen und gleichzeitig Spiel und Spaß zu haben, vielleicht sogar ein kleines Turnier zu organisieren. Dazu kann noch etwas Verpflegung eingepackt werden, und so ist für ein lustiges Erlebnis gesorgt – egal ob bei einem kleinen Wettkampf oder einfach so.

Ein Flyer sowie die Anleitung mit der Scorecard zum Eintragen der Ergebnisse können auf der Seite des Stadtmarketings heruntergeladen werden. Wie bei jedem Golfspiel gewinnt der Spieler mit den wenigsten Schüssen.

Adresse Am Stadion, 58566 Kierspe | **ÖPNV** Buslinien 58, 83, 94, 99, 282, 283 bis Haltestelle Kierspe, Gesamtschule, Fußweg noch etwa 350 Meter über die Fritz-Linde-Straße und dann links | **Anfahrt** A 45 bis Ausfahrt Meinerzhagen, B 54 bis Kierspe, hier links in die B 237, Kölner Straße und später rechts in Waldheimstraße, rechts in Am Stadion einbiegen und bis zum Fußballgolfplatz fahren, Parkplatz gleich gegenüber | **Öffnungszeiten** immer | **Tipp** Gleich neben der Fußballgolfanlage befindet sich das städtische Hallenbad Räukepütt, das nach dem Spiel zu einer Erfrischung im Wasser lockt.

41 Das Reidemeisterhaus

Traditionen an der Sauerländer Südsee

Das Reidemeisterhaus in Kierspe-Vollme stammt aus dem Jahr 1784 und wurde vom damaligen Reidemeister Johann Peter Bredenbach erbaut. Nur wenig später, 1788, verstarb er, und sein Bruder übernahm das Anwesen, nachdem er seine Miterben ausbezahlt hatte. Noch heute ist das Haus im Besitz seiner Nachfahren, der Familie Voswinkel. Das im frühklassizistischen Stil errichtete Gebäude wirkt wie ein niederdeutsches Bauernhaus und beherbergte ursprünglich Wohnung und Stall nebeneinander, jedoch getrennt durch eine dicke Brandmauer.

Als Reidemeister wurden zu dieser Zeit vorindustrielle Unternehmer bezeichnet, die in der eisenverarbeitenden Industrie tätig waren. Sie lieferten Rohstoffe an Handwerker, die das Metall verarbeiteten. Anschließend verkauften sie die fertigen Eisenprodukte an Händler. Heute steht das Reidemeisterhaus unter Denkmalschutz. In seinem Inneren befindet sich noch etliches Inventar, das seit Jahrhunderten in Familienbesitz ist und bis zum heutigen Tage genutzt wird.

Unweit des Reidemeisterhauses liegt die Jubachtalsperre. Sie wurde zwischen 1904 und 1906 errichtet und ist damit deutlich neueren Datums. Die 152 Meter lange und 27,7 Meter hohe Staumauer wurde aus Bruchsteinen gebaut und wirkt mit ihren bezaubernden Türmchen wie eine Burg- oder Schlossmauer. Die Jubachtalsperre ist eine Trinkwassertalsperre, daher ist ein direkter Zugang zum Wasser nicht erlaubt. Rundherum verläuft jedoch ein 2,7 Kilometer langer und barrierefreier Fußweg, der zu einem entspannten Spaziergang einlädt. Bei schönem Wetter, blauem Himmel und Sonnenschein schimmert das Wasser in den Buchten grün-türkis. Somit ist es nicht verwunderlich, dass die Jubachtalsperre zu den »Südseen« der Region zählt. Der gleichnamige Wanderweg »VolmeSchatz Talsperren – Südsee(n) der Region« beginnt ebenso hier und hält unterwegs viel Wissenswertes bereit.

Adresse Jubachweg 4, 58566 Kierspe-Vollme | **ÖPNV** Buslinien 58, ALF 58 und 99 bis Haltestelle Kierspe, Vollme Jubach | **Anfahrt** A 45, Ausfahrt Meinerzhagen, auf B 54 Richtung Meinerzhagen, dem Straßenverlauf bis Vollme folgen, Parkmöglichkeiten am Herlinghauser Weg, rechts statt links abbiegen in Vollme und dann den kurzen Weg zu Fuß gehen | **Öffnungszeiten** nur von außen zu besichtigen | **Tipp** Etwa zwölf Kilometer entfernt von der Jubachtalsperre befindet sich die Fürwiggetalsperre. Ein fünf Kilometer langer und barrierefreier Rundweg lädt hier zum Inlinern, Joggen oder Wandern ein.

42__Das Stickereimuseum

Wo die Lust am Kreativsein neu entflammt wird

Oberhundem ist mit rund 960 Einwohnern, schmucken Fachwerkhäusern und der prächtigen Adolphsburg, die den Ortseingang dominiert, ein eher gemütliches Örtchen im Sauerland. Inmitten dieser Idylle verbirgt sich ein wahres Kleinod. Hier wird altes Kunsthandwerk lebendig und entfacht neues Feuer, um selbst einmal wieder kreativ schöpferisch zu werden.

Die Rede ist vom Stickereimuseum der Familie Steinacker. Es befindet sich im alten Pastorat, einem charmanten Fachwerkhaus aus dem Jahr 1685. Mit viel Liebe fürs Detail wurde dem urigen Inneren neues Leben eingehaucht. Neben dem alten Steinfußboden des einstigen Stalls (der Pastor musste damals sein eigenes Vieh versorgen) sind auch uralte Fliesen zum Vorschein gekommen, die heute wieder modern sind.

Das Stickereimuseum ist ein Ort zum Verweilen, zum Stöbern und zum Staunen. Sorgsam und aus aller Welt wurden von der Familie, von Freunden und Besuchern die schönsten Stickereien aus mehreren Jahrhunderten zusammengetragen. Fasziniert betrachtet man die feinen Kunstarbeiten, die man heute nur noch aus maschineller Fertigung kennt. Eine filigrane Handarbeit reiht sich an die nächste. Bestickte Taschen, gestickte Bilder, Mustertücher mit alten Schriften, kleine Deckchen, aufwendig gearbeitete Blusenkrägen und vieles mehr sind hier zu entdecken. Was sie wohl für Geschichten ihrer früheren Besitzer erzählen könnten?

Mitten in das Stickereimuseum sind ein nicht weniger bezauberndes Museumslädchen und jede Menge Inspirationen integriert. Es ist bei jedem Blick zu merken, dass es den Besitzern ein großes Anliegen ist, den Gästen die fast in Vergessenheit geratene Kunst des Stickens ans Herz zu legen. Moderne Motive laden zum Nachmachen ein, und wer fragt, bekommt hilfreiche Tipps gleich mit dazu.

So wird der Besuch im Stickereimuseum zu einem Erlebnis, das Groß und Klein begeistert.

Adresse Rüsper Straße 1, 57399 Kirchhundem-Oberhundem | **ÖPNV** Taxibus mit Voranmeldung, Buslinie R 36 bis Oberhundem | **Anfahrt** A 45 bis Ausfahrt Olpe oder A 4 bis Ausfahrt Krombach, der Beschilderung Richtung Lennestadt beziehungsweise Kirchhundem folgen und im weiteren Verlauf bis Oberhundem | **Öffnungszeiten** Mo – Do 10 – 17 Uhr, Fr 10 – 14 Uhr, Sa und So nach Absprache, Tel. 02723/72409 | **Tipp** Urlaub in der Adolphsburg. Das prächtige Anwesen erstrahlt heute wieder in neuem Glanz. 60 Wohneinheiten sind hier entstanden und werden zum Teil privat genutzt. Zwei der Wohnungen können für Ferien gemietet werden (www.adolphsburg.de).

43_Burg Bilstein

Gespenstisches Treiben auf der Burg

Burg Bilstein ist eine der wenigen Burgen des Sauerlands, in denen auch heute noch ein Geist sein Unwesen treibt – der Lowwerhannes. In der Burg befindet sich eine Jugendherberge. Wer traut sich, hier zu übernachten? Alternativ bietet sich ein Picknick in dem gemütlichen Innenhof an – vielleicht im Mondenschein?

Die mittelalterliche Burg stammt aus dem 13. Jahrhundert. Sie liegt oberhalb von Lennestadt-Bilstein auf einem Bergsporn. Zwei hübsche weiße Rundtürme beherrschen das Bild; der Kapellen- und der Hohnekampturm. Beide sind durch einen unterirdischen Tunnel miteinander verbunden. Gebaut wurde die Burg von Dietrich von Gevore, auch Dietrich von Bilstein genannt. Sein letzter Nachkomme war Johann II. von Bilstein. Er trug stets eine breite Halskrause, wie es im Mittelalter üblich war. Deshalb wurde er im Volksmund auch Lowwerhannes genannt. Der Sage nach lebte er einsam und zurückgezogen und hatte kaum Interesse an öffentlichen Angelegenheiten. Mit seinen Verwandten, die nur nach seinem Erbe schielten, wollte er nichts zu tun haben, weshalb er bei ihnen nicht sehr beliebt war. In sich gekehrt und melancholisch lebte er auf der Burg, manchmal sahen ihn die Menschen mit seiner Halskrause trübsinnig durch den Wald gehen. Und so soll man ihn auch heute noch in mondbeschienenen Nächten durch die Gänge der Burg schreiten sehen oder ihm im Wald begegnen. Bei einer Übernachtung in der Jugendherberge läuft einem bei dem Gedanken sicher ein kleiner Schauer über den Rücken.

Bei Tageslicht jedoch ist Burg Bilstein ein märchenhafter Anblick, der die Schauergeschichten schnell vergessen lässt. Die hübschen Burgfenster mit den roten Umrahmungen, der Froschkönig im Brunnen, das Klappern von Absätzen auf dem Kopfsteinpflaster, das an Hufgetrappel erinnert, machen die Pause im Burghof auf den Rastplätzen zu einem Genuss. Für Wanderer auf dem Veischeder Sonnenpfad ist der Burghof der ideale Rastplatz.

Adresse Von-Gevore-Weg 6, 57368 Lennestadt-Bilstein | **ÖPNV** Buslinien SB 3, L 513 bis Bilstein Amtshausplatz, anschließend zu Fuß (siehe Anfahrt) | **Anfahrt** A 45, Ausfahrt Olpe, links auf B 54, auf Höhe von Rhode rechts und B 55 weiter folgen, in Bilstein Parkmöglichkeit am Amtshausplatz, B 55/Freiheit Ecke Schnettmecke, von hier aus zu Fuß rund 350 Meter, den Parkplatz nach rechts verlassen, links in die Straße Poorte und über den Wanderweg den Berg hinauf | **Öffnungszeiten** von außen jederzeit zu besichtigen; der Burghof ist zu den Öffnungszeiten der Jugendherberge begehbar | **Tipp** In Attendorn kann man herrschaftlich auf der Burg Schnellenberg übernachten und speisen. Auch ein Besuch der wunderschönen Anlage ist überaus lohnenswert (burg-schnellenberg.de).

44__Der Kahnteich

Geschichte erwacht aus dem Dornröschenschlaf

Fast vergessen, aber eben nur fast, befand sich der Kahnteich in Bilstein lange Zeit, nach Angaben des Ortes, im Dornröschenschlaf. Irgendwie eine passende Bezeichnung, denn nicht weit entfernt oberhalb am Hang thront die märchenhafte Burg Bilstein, in deren Türmchen man sich gut ein schlafendes Dornröschen vorstellen kann. Doch 2020 sollten der Teich und sein Umfeld wieder zu neuem Leben erwachen, dafür hatte sich die Dorfgemeinschaft Bilstein zusammen mit der Stadt Lennestadt eingesetzt.

Bevor der Kahnteich in den Schlaf verfiel, diente er zwischen 1930 und 1970 als Vorwärmbecken für das nebenliegende Freibad. Das Wasser aus der Veischeide, die durch den Ort fließt, wurde hier aufgefangen und konnte sich langsam erwärmen. Bevor es dann ins Freibad gelangte, wurde es in einem zehn Meter langen Koksbett gereinigt und diente anschließend dem Badevergnügen der Gäste. Währenddessen konnten auf dem Kahnteich selbst die Menschen Boot fahren oder angeln. In den 50er und 60er Jahren herrschte auch im Winter Betrieb auf dem See, dann wurde die Eisfläche zum Schlittschuhlaufen und Eishockeyspielen genutzt. Und auch heute noch kommen die Anwohner gerne für ein paar Runden hierher, vorausgesetzt, der Teich friert vollständig zu.

Nach der Wiederbelebung des Kahnteichs können Besucher auf dem barrierefreien Weg rund um das Gewässer schlendern. Eine Vesperinsel lädt zu einer Pause mit Picknick ein, und zum Entspannen wurden geschwungene Waldsofas und Bänke aufgestellt. Im Sommer gibt es weiterhin nasse Freuden im Naturfreibad. Das Angebot wird durch eine Crossgolfanlage und einen Kinderspielplatz mit Matschbereich und Tellerseilrutsche ergänzt. Dazu gibt es eine Bike-Station, Tennisplätze und eine Bogenschießanlage, die die Erlebniswelt Veischedetal zu einem genauso attraktiven wie trotzdem gemütlichen Ausflugsziel machen. Parkmöglichkeiten sind gegeben.

Adresse Am Freibad, 57368 Lennestadt-Bilstein | ÖPNV Buslinie L513 bis Bilstein Am Freibad | Anfahrt A45, Ausfahrt Olpe, links auf B54, auf Höhe von Rhode rechts halten und B55 weiter folgen, durch Bilstein immer der Bundesstraße folgen und schließlich rechts in Am Freibad abbiegen | Tipp Für Familien ist der Panoramapark in Kirchhundem ein weiteres lohnendes Ausflugsziel in der Umgebung (www.panopark.de).

45 Die Hohe Bracht

Die erste Rundfunkübertragung aus dem Sauerland

Das Wahrzeichen des Kreises Olpe ist der Aussichtsturm »Hohe Bracht« auf dem gleichnamigen Berg, 588 Meter über NN. Die Besteigung des 36 Meter hohen Turms ist kostenlos möglich. Von oben bietet sich ein beeindruckender Rundumblick auf die Umgebung, für den jedoch zunächst 144 Stufen, die durch das denkmalgeschützte Treppenhaus hinaufführen, erklommen werden müssen.

Der Turm wurde am 12. Oktober 1930 eröffnet. Im Rahmen der Eröffnungsfeier fand die erste Rundfunkübertragung des Senders Langenberg aus dem Sauerland statt. Derartige Liveübertragungen waren zu dieser Zeit eher unüblich, und es soll einiges an Überredungskunst notwendig gewesen sein, den heute als WDR bekannten Rundfunksender, der damals noch als Westdeutsche Rundfunk AG bezeichnet wurde, zu der Übertragung aus dem Freien zu bewegen. 40 Minuten dauerte die Sendung, während derer Eindrücke von der Anreise zur Hohen Bracht, musikalische Beiträge der Feuerwehrkapelle und Einweihungsansprachen übertragen wurden.

Im Inneren des Turms erzählen Infotafeln aus dem Leben der Hohen Bracht. So gab es hier bereits 1930 eine Gaststätte. Außerdem wurde ein Teil des Turms als Jugendherberge genutzt. Auch heute noch können Besucher im Restaurant des Turms und auf der Terrasse einkehren und sich mit regionalen Spezialitäten verwöhnen lassen.

Für Naturgenießer führt ein leichter und barrierefreier Naturerlebnispfad von knapp 800 Meter Länge rund um die Hohe Bracht und erläutert natur- und kulturgeschichtliche Besonderheiten. Rundwege wie der A27 »Alberstein« oder A28 »Stockei« bieten längere Wanderfreuden. Im Winter können zahlreiche gespurte Langlaufloipen genutzt werden, und ein alpiner Skihang mit einer Abfahrtslänge von 500 Metern wartet auf die Skisportler. In den Abendstunden sorgt eine Flutlichtanlage für Beleuchtung. So gibt es an diesem historischen Ort für jeden Geschmack etwas.

Adresse Hohe Bracht 1, 57368 Lennestadt-Hohe Bracht | Anfahrt A 45, Ausfahrt Olpe, links auf B 54, auf Höhe von Rhode rechts halten und B 55 weiter folgen, in Bilstein rechts auf L 715/Hohe-Bracht-Straße, etwas später erneut rechts und der Beschilderung bis Hohe Bracht folgen | Öffnungszeiten zu den Öffnungszeiten des Café Restaurant Hohe Bracht: Do–Sa 12–22 Uhr, So 12–18 Uhr; www.hohebracht.com | Tipp Noch mehr Winterfreuden gibt es im Skigebiet Olpe-Fahlenscheid. Eine Skihütte lockt zur Einkehr (www.fahlenscheid.de).

46 Der Mälo-Fels

Der versteckte Insiderfels im Lennetal

Urtümliche Felsen faszinieren seit jeher die Menschen. Dieser hier beeindruckt mit seiner hohen und senkrecht abfallenden Ostflanke und gehört dennoch zu den völlig unbekannten Felsen der Region im Lennetal. Ein echter Geheimtipp, und das, obwohl er leicht zu erreichen ist – aber er versteckt sich eben beinahe unsichtbar am Waldrand, gleich hinter der Ortschaft Langenei.

Etwa 200 Meter Fußweg sind zurückzulegen, ehe man den Felsen auf der linken Seite des Weges entdeckt. Wer nicht zurückblickt, würde ihn gar übersehen. Dabei ist seine Erscheinung überaus imposant. Steil ragt die glatte Felsseite vor den Augen des Betrachters auf. Grünes Moos bedeckt mystisch seine Seiten und die kleineren vorgelagerten Gesteine. Ein paar Meter steigt man den von knisterndem Laub bedeckten Hang hinauf, dann kann man vorsichtig raufklettern. Aussicht gibt es hier allerdings keine, denn der Mälo-Fels ist von dichtem Buchenwald umgeben.

Der Name Mälo soll auf den ehemaligen Fürsten oder König Maelo (oder Melo) des westgermanischen Stammes der Sugambrer zurückzuführen sein, die in historischen Aufzeichnungen bereits um 55 vor Christus erwähnt werden und vom Niederrhein oder aus dem Gebiet zwischen Rhein und Lippe stammen. Sie verbündeten sich mit den den Römern unterlegenen Usipetern und Tenkterern und leisteten ab 55 vor Christus ordentlich Widerstand. Dieser wurde erst im Jahr 7 vor Christus durch eine Niederlage gegen die Römer unter Tiberius beendet. 17 nach Christus wurde der Nachkomme und Neffe Maelos, Deudorix, durch Germanicus als Gefangener nach Rom mitgeführt.

Wer die Umgebung um den Mälo-Felsen weiter erkunden möchte, sollte sich auf den Rundweg zwischen Langenei und Kickenbach begeben. Unterwegs bieten sich gleich mehrere Einkehrmöglichkeiten, und es geht vorbei an Highlights wie einer SGV-Schutzhütte und der Schnapseiche.

Adresse Stöppelweg, 57368 Lennestadt-Langenei | ÖPNV Buslinien 514, SB 9 bis Haltestelle Langenei, Mitte, dem Stöppelweg zum Wald folgen und etwa 200 Meter weiter bis zum Ziel | Anfahrt A 46 bis Ausfahrt Wennemen und der Beschilderung Richtung Eslohe / Schmallenberg folgen, später rechts halten und über Menkhausen, Kückelheim, Bracht bis L 236, rechts abbiegen und bis Langenei fahren | Tipp Eine Wanderung rund um den Mälo-Fels und Langenei macht sicher auch mit Alpakas großen Spaß. Im Ort befindet sich dazu eine interessante Möglichkeit (http://alpaka-trekking.de/Startseite).

47__Das Fachwerkdorf

Sauerländisches Fachwerkflair mit Goldcharakter

Um die 170 Einwohner zählt Milchenbach. Idyllisch liegt das kleine Fachwerkensemble in einem Seitental des Lennetals, umgeben von den Höhenzügen des Rothaargebirges. Ein beschauliches Landleben empfängt den Besucher, der durch die kleinen und verwinkelten Gassen in dem winzig erscheinenden Dorf schlendert. Wenn abends irgendwo die Bürgersteige hochgeklappt werden, dann ist es wohl hier. Ein Ort zum Wohlfühlen, zum Verweilen, perfekt für eine Auszeit und Digital Detox, wie man es im modernen Sprachgebrauch bezeichnet. Im Sommer blühen duftende Rosen, Lavendel und Fingerhut in den Gärten. Farbkleckse leuchten an allen Ecken.

Von der Bundesstraße weist in Störmecke ein Hinweisschild in Richtung Fachwerkdorf. Parallel zum Störmecke Siepen und später zum Milchenbach gelangt man mitten durch die Natur in den Ort, der bereits zwei Mal, 1989 und 2001, zum Bundesgolddorf gekrönt wurde. Der Bundeswettbewerb zeichnet Dörfer in nahezu allen Bundesländern Deutschlands aus, die sich unter dem Titel »Unser Dorf hat Zukunft« für die Umsetzung von Maßnahmen zur Förderung der dörflichen Lebensqualität engagieren. »Golddorf« darf sich anschließend nennen, wer die Goldmedaille ergattert und entsprechende Maßnahmen, die sich mittlerweile auch auf das Thema Nachhaltigkeit fokussieren, realisiert.

Im Fachwerkdorf Milchenbach, das von Wald umrundet verträumt auf einer Lichtung schlummert, befinden sich gleich mehrere Möglichkeiten, um erholsame Familienferien oder Urlaub auf dem Bauernhof zu verbringen. Wanderer können auf der gut zehn Kilometer langen »Gold-Dorf-Tour Milchenbach« die Umgebung rund um den 585 Meter hohen Rossnacken erkunden. Etwas Verpflegung sollte im Rucksack mitgenommen werden. In Saalhausen bestehen aber auch Einkehrmöglichkeiten. Noch weiter geht es auf dem Rothaarsteig, der über die umliegenden Höhen verläuft.

Adresse Härdlerstraße, 57368 Lennestadt-Milchenbach | **ÖPNV** Buslinien A 514, SB 9 bis Haltestelle Milchenbach, Kirche | **Anfahrt** A 46 bis Ausfahrt Wennemen, abbiegen Richtung Eslohe, über Menkhausen und Werpe bis zur L 236, rechts abbiegen, am Wegweiser Fachwerkdorf links und der Straße folgen | **Tipp** Vier Kilometer entfernt von Milchenbach befindet sich in Saalhausen der Erlebniskurpark TALVITAL. Groß und Klein finden hier abwechslungsreiche Landschafts- und Wassererlebnisse an der Lenne.

48 Die Miniaturkapelle

Der Rastplatz am Lennestrand mit Überraschungen

43 Ortschaften umfasst Lennestadt, die bevölkerungsreichste Gemeinde im Kreis Olpe. Zu den ältesten Dörfern zählt mit Sicherheit Theten, dessen erste urkundliche Erwähnung bis ins Jahr 1072 zurückreicht. Damals sprach man noch von Tatena, später von Tetin, Theten und Tetene, wobei sich Theten dann durchsetzte. Die winzige Ortschaft hat eine Besonderheit, sie verfügt nämlich über gleich zwei Kapellen; die Katholische Kapelle St. Lorenz und Vinzenz in der Hachener Staße und ihren maßstabsgetreuen Nachbau im Miniaturformat.

Dieser wurde im Jahr 2000 anlässlich des 1.000-jährigen Ortsjubiläums von Elspe, zu dessen Pfarrbezirk auch Theten gehört, angefertigt und auf der Freifläche unweit der Brücke über die Lenne zur Germaniahütte aufgebaut. Ein paar Jahre später wurde der Bereich erweitert und ein Pausenplatz mit zwei Bänken und einem Tisch ergänzt, außerdem eine Tischtennisplatte und eine Boulebahn. Gleich an dem beschaulichen Ensemble vorbei führt eine 143 Kilometer lange Radstrecke, die sogenannte »Lenneroute«. Sie verläuft von Winterberg zur Quelle der Lenne am Kahlen Asten (übrigens die am höchsten gelegene Quelle im Sauerland) und weiter bis zu ihrer Mündung in die Ruhr bei Hagen. Die Lenne ist sowohl der wasserreichste als auch wichtigste Nebenfluss der Ruhr.

An der Miniaturkapelle in Theten findet sich der ideale Rastplatz für Radler oder Wanderer. Gleichzeitig ist sie ein hübscher Ort für einen Ausflug, der sich noch ideal erweitern lässt, denn kurz vor Theten streift man am Lennestrand einen bezaubernden Skulpturenpark mit den Figuren des Künstlers Roger Löcherbach zu den Themen Strandleben und Freizeitgefühl. Alle Figuren wurden aus heimischem Eichenholz gefertigt. In Theten selbst trifft man auf die urige Dorfschänke, die zu einer kalten Erfrischung sowie einer Jause einlädt. So hat dieser kleine idyllische Ort an der Lenne einiges zu bieten.

Adresse Dorfstraße, 57368 Lennestadt-Theten | ÖPNV Buslinie R 94 bis Haltestelle Germaniahütte, zu Fuß über die Straße Zur Brücke, die Lenne überqueren und noch wenige Schritte | Anfahrt A 46 bis Ausfahrt Wennemen und nach Eslohe fahren, B 55 bis Elspe, hier links auf Schönscheid, später erneut links auf Hachener Straße, im Ortskern von Theten links auf die Dorfstraße abzweigen und bis zur Kapelle fahren | Tipp Im Lennestadter Ortsteil Meggen befindet sich der Galileo-Park mit den bekannten Sauerland-Pyramiden. Sie gelten als heimliches Wahrzeichen des Sauerlands. In ihrem Inneren warten interessante Ausstellungen für die ganze Familie.

49__Der Filmpalast

Kino mit Luxus und Wohnzimmeratmosphäre

VIP-Lounge, Cloud-Lounge, Pärchen-Lounge – der Filmpalast in Lüdenscheid bietet mondänen Kinoluxus in stilvollem Ambiente. Wer sich einmal genauso wie sein Star auf der Leinwand fühlen möchte, findet hier auf bequemen, mit Alcantara bespannten Designerstühlen oder exklusiven Wohlfühlliegen das passende Ambiente. Wellness im Kino ist angesagt.

Der Filmpalast in Lüdenscheid besteht seit 1956 und ist ein Familienbetrieb. Der Eingang liegt etwas versteckt und wirkt fast unscheinbar. Doch Kinobesucher erwartet hier etwas ganz Besonderes, sie erleben beim Betreten des Kinos mehrere Zeitsprünge. Der erste katapultiert zurück in die 50er Jahre, denn der Eingangsbereich besticht mit dem liebevoll gehegten und gepflegten Design dieses Jahrzehnts. Der zweite führt in die Zukunft, denn die Kinosäle verfügen nicht nur über modernste Technik, sondern auch über die außergewöhnlichsten Sitzmöglichkeiten. Hier wird Kino revolutioniert und zu einem Rundum-Erlebnis. Insider kommen von weit her angereist, um Kino zu genießen. Mit der außergewöhnlichen Ausstattung des Filmpalastes verfügt dieser über ein Alleinstellungsmerkmal abseits der Mainstreamanbieter in den Großstädten. Endlich gibt es wieder einen Grund, den Streamingdienst auszuschalten und die eigene Couch zu verlassen.

Saal 1 mit seinen Logen wirkt wie ein Märchen aus 1001 Nacht. Blattgold verziert die Rückwände der Cloud-Lounge. Die LED-Beleuchtung kann farblich jeder Stimmung angepasst werden. Da muss man aufpassen, sich einen spannenden Film auszusuchen, um auf den zwei Meter langen und ein Meter breiten Liegen nicht einzuschlafen. Die Pärchen-Lounge bietet Entspannung für zwei mit Privatsphäre wie im eigenen Wohnzimmer. Familien finden in der geräumigen Seiten-Lounge Platz. Bei all dem Luxus kann der Film nicht lang genug sein, um die Atmosphäre im beeindruckendsten Kino des Sauerlands auszukosten.

Adresse Werdohler Straße 68b, 58511 Lüdenscheid | **ÖPNV** Buslinien 41, 43, 47, 48, 53, 61, 245, S2 bis Haltestelle Kluser Platz, von hier noch zwei Minuten Fußweg | **Öffnungszeiten** Programm auf www.filmpa.de | **Tipp** Ein weiterer besonderer Veranstaltungsort in Iserlohn ist die historische Schützenhalle gleich gegenüber dem Kino. Als Vorbild für den über 100 Jahre alten Bau soll das ehemalige Londoner House of Lords gedient haben. Die Schützenhalle liegt auf einem Hügel und ist von mehreren Orten der Stadt aus sichtbar.

50__Der Homertturm

Der Leuchtturm des Sauerlands

Leuchttürme gibt es viele, doch erstaunlich ist, dass auch einer im Sauerland steht. Wenngleich er auch anderen Zwecken dient, ist sein Erscheinungsbild dem eines Nord- oder Ostseeleuchtturms ziemlich ähnlich. Die Rede ist vom Homertturm, der seinen Standort auf dem gleichnamigen Berg aufgeschlagen hat. Damit hebt er sich deutlich ab von anderen Türmen seiner Gattung, die eher auf Meereshöhe stehen. Der Berggipfel befindet sich auf 538 Metern. Rechnet man die Bauhöhe von 22 Metern hinzu, kommt man auf eine stattliche Gesamthöhe von 560 Metern.

Errichtet wurde er bereits im Jahr 1894 als Aussichtsturm durch den Sauerländischen Gebirgsverein (SGV). Über eine Wendeltreppe mit Eisengittergeländer kann man zu den Öffnungszeiten nach oben steigen und den Ausblick über die Region rund um Lüdenscheid genießen. Der Homertturm war immer schon als Aussichtsturm konzipiert und diente nie als Feuer- oder Wachturm, mit Ausnahme zwischen 1944 und dem Ende des Zweiten Weltkrieges, als er von der NSDAP beschlagnahmt und zur Stationierung eines Luftgaukommandos verwendet wurde.

Der Homertturm stammt aus einer Ära, als die Menschen begannen, die Natur neu zu entdecken und in ihrer Freizeit zu wandern. Um die Landschaft noch besser studieren und genießen zu können, bauten sie Aussichtstürme wie den Homertturm. Zwar ist er mit seinen Antennenaufbauten nicht mehr ganz originalgetreu, das tut seinem gesamten leuchtturmartigen Erscheinungsbild jedoch keinen Abbruch. Seit dem Jahr 2005 steht er trotzdem unter Denkmalschutz.

Neben dem Homertturm befindet sich eine Schutzhütte des SGV, und zahlreiche Sitz- und Rastplätze laden zum Verweilen auf der Bergkuppe ein; und dazu, das weitläufige Panorama zu bestaunen. Wer darüber hinaus noch ein paar Schritte gehen möchte, findet auf den umliegenden Wanderwegen reichlich Möglichkeiten.

Adresse Werkshagener Straße, 58515 Lüdenscheid | **Anfahrt** A 45, Ausfahrt Lüdenscheid-Süd und Richtung Lüdenscheid, im Kreisverkehr an der vierten Möglichkeit in Werkhagener Straße, dem Straßenverlauf bis zum Parkplatz Homert folgen, von hier noch etwa fünf Minuten Fußweg | **Öffnungszeiten** Aufstieg nur zu bestimmten Zeiten, Info unter Tel. 02351/3699281, www.sgv-luedenscheid.de/homert | **Tipp** Einen beeindruckenden Anblick geben auch die Meinhardus-Mattenschanzen in Meinerzhagen ab. Die Konstruktion der Skisprungschanzen ragt schwindelerregend in die Höhe und über das Tal (https://skiklub-meinerzhagen.de).

51__Die SIKU//WIKING Modellwelt

Hier leuchten nicht nur Kinderaugen

Sie sind aus keinem Kinderzimmer wegzudenken, die Spielzeugmodelle von SIKU. Kinderaugen beginnen zu leuchten, wenn die kleinen Bagger über den Teppich tuckern, Polizeiwagen über die Fliesen rasen, die Feuerwehr im wilden Tempo übers Parkett düst, das Schiff mit baden geht oder der Trecker durch den Garten rumpelt. Die Klassiker der Kinderstube werden auch heute noch von dem bereits über 100 Jahre alten Traditionsunternehmen SIKU aus dem Sauerland hergestellt und international vertrieben.

Seit jeher befindet sich der Hauptsitz in Lüdenscheid, hier kommt von der Entwicklung über die Konstruktion und den Vertrieb bis zur Verwaltung alles aus einer Hand. Zusätzlich gibt es einige ausländische Produktionsstandorte und Vertriebsniederlassungen. Seit 2012 ist das Unternehmen am Hauptstandort um eine Attraktion reicher, die SIKU//WIKING Modellwelt. Über 3.500 Ausstellungsstücke aus 100 Jahren können betrachtet werden. Auf 500 Quadratmetern befindet sich die Erlebniswelt. Hier können große und kleine Besucher mit ferngesteuerten Modellen von SIKU und WIKING auf Großdioramen spielen und diese ausgiebig testen. Die ganz Kleinen können mit den Toddys spielen, die Modellspielzeuge sind ab 18 Monaten geeignet. Als besonderes Highlight werden auch Kindergeburtstagsfeiern angeboten. Selbst Betriebsausflüge werden hier zu einem besonderen Erlebnis gemacht. Daneben gibt es einen Modellwelt-Shop, in dem die kleinen SIKU- und WIKING-Modelle für zu Hause mitgenommen werden können.

WIKING gehört seit 1984 zur Sieper Gruppe, welche SIKU als Marke etablierte. Nach dem Tod des WIKING-Gründers Friedrich Peltzer 1981, der 1932 seine Passion zum Beruf und das Unternehmen zu seinem Lebenswerk machte, wurde es übernommen, mit dem Fokus, die eigenständige WIKING-Produktphilosophie zu erhalten.

Adresse Schlittenbacher Str. 56A, 58511 Lüdenscheid | **ÖPNV** Buslinien 42, 44, 47, 48, 49, 52, 54, 245, 246, 254, N 7 bis Haltestelle Bräucken, Fußweg noch rund 600 Meter links abzweigend über die Bräuckenstraße | **Anfahrt** A 45 bis Ausfahrt Lüdenscheid, abbiegen in Richtung Zentrum auf die Brunscheider Straße, später links auf Werdohler Straße, dem Straßenverlauf bis zur Kreuzung B 229 folgen, rechts abbiegen, nach zwei Kilometern rechts in Schlittenbacher Straße | **Öffnungszeiten** Mi–Fr 14–17 Uhr, Sa und So 11–17 Uhr, www.siku.de/de/modellwelt.html | **Tipp** Noch mehr Modellwelten sind auf der Modellbahn am Rothaarsteig in Schmallenberg-Grafschaft zu finden (https://mbc-schmallenberg.de).

52_Das Reiterstellwerk

Ein romantischer Bahnhof als Filmkulisse

Am Bahnhof in Brügge, einem Ortsteil von Lüdenscheid, vereinen sich Gegenwart und Vergangenheit. Eine moderne Bahnhofsarchitektur trifft auf den Charme historischer Bahnanlagen. Über die neuzeitlichen Bahnsteige spannt sich ein altertümliches Reiterstellwerk, was dem Bahnhof einen romantischen Hauch verleiht. Dies war auch der Grund, warum der Bahnhof Brügge im Jahr 2019 für die Dreharbeiten zum Film »Undine« auserkoren wurde, denn für die Liebes- und Abschiedsszenen war er der perfekte Ort.

Der Kinofilm von Regisseur Christian Petzold ist eine neuzeitliche Auslegung der mythologischen Sage um Undine, eine Wassernixe, die mit einem Fluch belegt ist. Nimmt sie aus Liebe die Gestalt eines Menschen an und wird von ihm betrogen, ist sie dazu verdammt, ihn zu töten. Im Film versucht Undine, diesem Fluch zu entkommen.

Wer einmal auf den Spuren bekannter deutscher Filmschauspieler wie Paula Beer und Franz Rogowski wandeln und sich von dem romantischen Charme des Bahnhofs überzeugen möchte, der ist am Bahnhof Brügge gut aufgehoben. Aber auch eingefleischte Eisenbahnfans finden hier ein wunderbares Fotomotiv mit dem alten Reiterstellwerk. Wie eine Brücke ist es über die Gleise gebaut. An der äußeren Seite befindet sich ein aus Bruchstein gemauerter Treppenturm. Das Walmdach sowie die Sichtflächen sind wie für die Region typisch mit Schiefer verkleidet.

Das Stellwerk ist seit 2016 außer Betrieb und steht unter Denkmalschutz. Seine Funktion hat ein neues, elektronisches Stellwerk (ESTW), ebenso am Standort in Lüdenscheid-Brügge, übernommen, das gleichzeitig auch die Betriebsstellen Dahl, Dieringhausen, Engelskirchen, Meinerzhagen und Ründeroth fernsteuert. Rund um Brügge lohnt es sich, noch ein wenig die Gegend zu erkunden; entweder in der Natur auf den umliegenden Wanderwegen oder im Ort, wo sich gleich mehrere Einkehrmöglichkeiten für eine Pause bieten.

Adresse Brügger Bahnhof, 58515 Lüdenscheid-Brügge | **ÖPNV** RB 25 und RB 52 bis Haltestelle Lüdenscheid-Brügge | **Anfahrt** A 45 bis Ausfahrt Hagen-Süd, weiter auf der Straße Volmeabstieg bis Eilpe und rechts auf B 54 bis Lüdenscheid-Brügge, Parkplätze direkt am Bahnhof | **Tipp** Eisenbahnromantik ist auch in Iserlohn-Letmathe zu finden. Das denkmalgeschützte Bahnhofsgebäude aus dem Jahr 1865 ist Deutschlands erster und einziger Inklusionsbahnhof und verfügt über Café, Kiosk, E-Bike-Verleih und Kulturprogramm (www.bahnsteig42.de).

53 Die Drakenhöhlen

Geheimnisse um die Nibelungensage

Mystisch hängen die grünen Triebe des Efeus vor den Eingängen der Drakenhöhlen. Stellenweise ranken sie urtümlich über den hellen Zechsteinkalk. Das Gestein wirkt, als wäre es aus lauter kleinen Teilchen zusammengepuzzelt worden. Kleine Säulen zieren die dunklen Höhleneingänge, aus denen ein kalter Luftzug strömt. Da fällt es nicht schwer zu glauben, dass der Drache Fafnir in diesen Höhlen den Hort der Nibelungen gehütet haben soll, bis Siegfried ihn tötete, anschließend in dessen Blut badete und dadurch nahezu unverwundbar wurde. Eine einzige Stelle zwischen seinen Schulterblättern wurde ihm jedoch bekannterweise zum Verhängnis.

Steht man heute vor den Drakenhöhlen, lässt sich die Legende gut vorstellen. Verstärkt wird die mystische Atmosphäre noch durch eine der Quellen unter dem Ort, die heute wieder zugänglich ist. Sie befindet sich in einem der dunklen Eingänge – ein Blick in das tiefschwarze Innere ist so geheimnisvoll, dass er durchaus für ein schauriges Gefühl sorgt. Vor dem geistigen Auge badet hier der Drache. Um das unheimliche Ambiente noch zu verstärken, sei gesagt, dass es sogar mal einen Tunnel gegeben haben soll, der von den Drakenhöhlen bis unter das alte Rathaus führte.

Der Weg vorbei an den Drakenhöhlen verläuft ein wenig unterhalb Obermarsbergs am Berghang. Schattiger Wald umgibt die Besucher. Ein Betreten der Höhlen ist nicht möglich, aber auch von außen lohnt sich ein Blick.

Auf dem Sagen- und Geschichtenweg lässt sich das, was sich rund um Obermarsberg erzählt wird, im Detail erkunden und erleben. Der Rundweg ist knappe 2,7 Kilometer lang und verläuft durch den Ort mit seinen besonderen Sehenswürdigkeiten, historischen Stätten, Aussichtspunkten, vergessenen Kultplätzen und natürlich vorbei an den Drakenhöhlen. Wer also im Sauerland etwas Magie und Geheimnis erleben will, sollte sich Obermarsberg ansehen.

Adresse Kaiser-Karl-Platz, 34431 Marsberg-Obermarsberg | **ÖPNV** Buslinien 491, 497 bis Haltestelle Obermarsberg, Kirche, von hier sind alle Ziele im Ort ausgeschildert | **Anfahrt** A 44 bis Ausfahrt Marsberg, der B 7 Richtung Marsberg folgen, hier links auf Lillers-Straße/Hauptstraße, rechts in Weist, erneut rechts auf Bülberg/Pagenstraße, in Obermarsberg links in Brunnenstraße, erneut links in Eresburgstraße bis zum Zentrum | **Öffnungszeiten** nicht begehbar | **Tipp** Im nahe gelegenen Glindetal befindet sich die Höhle »Weiße Kuhle«. Sie ist zwar nicht frei zugänglich und nur von außen zu betrachten, jedoch bietet der Geopark Grenzwelten gelegentlich Führungen an (www.geopark-grenzwelten.de).

54 Die historischen Schauplätze

Leben inmitten der Geschichte

Der zu Marsberg zählende Ortsteil Obermarsberg thront malerisch auf einem Bergplateau auf 398 Metern über NN, das nach drei Seiten steil abfällt. Viele historische Kultur- und Naturschätze sind rund um das zauberhafte Dorf zu bestaunen. Von der Eresburg, die Karl der Große 772 nach Christus eroberte und damit auch das Heiligtum der Sachsen, die Irminsul, dem Glauben nach eine der Stützen des Weltalls, zerstörte, ist heute nichts mehr zu erkennen. Dafür erzählen zahlreiche andere Bauwerke in Obermarsberg die Geschichte des Ortes und machen sie lebendig.

So war Obermarsberg einst von einer Stadtmauer umgeben. Reste von ihr sowie zwei der ursprünglich sieben Festungstürme, der Butten- und der Wasserturm, sind noch zu sehen. Der Buttenturm kann sogar bestiegen werden. Von oben genießt man eine sagenhafte Aussicht auf den Ort Marsberg, die Umgebung und auf den gegenüber am Berg liegenden Bilsteinturm. Im Bereich der einstigen Eresburg ließ Karl der Große eine Basilika errichten sowie ein Benediktiner-Konvent. Der Benediktusbogen macht den Eingang zum ehemaligen Klosterbezirk sichtbar, den heute die hübsche Stiftskirche dominiert. Die gleich in der Nähe stehende Rolandstatue weist mit ihren Zeichen auf die Anwesenheit Karl des Großen hin.

Das alte Rathaus der Stadt ist mittlerweile in Privatbesitz. Im Vorgarten befindet sich jedoch immer noch der Pranger oder Schandpfahl. Verurteilte Bürger wurden einst hier angekettet und mit einem Halsband gefesselt, um sie dem Spott und Hohn der Bevölkerung auszusetzen. Wer weiter durch Obermarsberg spaziert, kommt an einem historischen Backhaus im Fachwerkstil, einem 26 Meter tiefen Kettenbrunnen, der Nikolaikirche und dem Museum der Stadt Marsberg vorbei, und wer von den Infotafeln noch nicht genug Wissen über Obermarsberg aufgesaugt hat, kann hier noch einiges mehr erfahren.

Adresse Kaiser-Karl-Platz, 34431 Marsberg-Obermarsberg | **ÖPNV** Buslinien 491, 497 bis Haltestelle Obermarsberg, Kirche, hier sind alle Ziele im Ort ausgeschildert | **Anfahrt** A 44, Ausfahrt Marsberg, der B 7 Richtung Marsberg folgen, hier links auf Lillers-Straße/ Hauptstraße, rechts in Weist, rechts auf Bülberg/Pagenstraße, in Obermarsberg links in Brunnenstraße und erneut links in die Eresburgstraße bis zum Zentrum | **Tipp** Am Fuße des Bergplateaus von Obermarsberg befindet sich das Besucherbergwerk Kilianstollen (Besichtigungstermine unter www.kilianstollen.de).

55 St. Maria Magdalena

Der neu-barocke Padberger Dom

Wer aus Richtung Diemelsee auf Padberg zufährt, erkennt die markanten Wahrzeichen des Ortes schon aus der Ferne. Neben dem ausdrucksstarken, kegelförmigen Berg Alter Hagen, der auch ebenso wie der Ort Padberg genannt wird, beherrscht die gelb leuchtende, barocke Kirche St. Maria Magdalena das Landschafts- und Stadtbild. Liebevoll wird sie auch als Padberger Dom bezeichnet.

Der Kirchenneubau entstand im Jahr 1913 nach den Plänen des Paderborner Architekten Franz Mündelein. Besonders markant ist die hübsche Doppelturmfassade. Ihre auffallende Farbe erhielt die Kirche allerdings erst zwischen 1973 und 1975 im Zuge einer umfassenden Renovierung. Der neu-barocke Baustil wurde gewählt, weil sich im Inneren der »Alten Kirche« (auch Petrus-Kirche genannt) Altäre des Giershagener Bildhauers Papen aus den Jahren 1670 und 1736 befanden, die in den größeren Neubau übernommen werden sollten. Der Hochaltar mit Weihnachtsdarstellung und der Marien-Altar sind auch heute noch Bestandteil der Kirche. Dazu beherbergt der Padberger Dom fünf Glocken. Zwei davon blicken auf eine ebenso lange Geschichte zurück wie die Altäre, sie stammen aus den Jahren 1675 und 1684; eine dritte Glocke wurde vermutlich ebenso im 17. Jahrhundert gefertigt, wohingegen die neuesten Glocken aus dem Jahr 1954 sind. Sie wurden in Brilon gefertigt. Die Stadt war früher bekannt für ihre Glockengießerei.

Die Alte Kirche St. Petrus aus dem Jahr 1057 wurde im Jahr 2004 saniert und ist heute noch in Padberg zu bestaunen. Jeden ersten Sonntag im Monat findet in den warmen Monaten sogar noch ein Gottesdienst statt. Auch interessant: In Padberg befindet sich die älteste erhaltene Fachwerksynagoge Westfalens. Erstmals erwähnt wurde sie im Jahr 1751. Heute wird sie als geschichtliches Denkmal erhalten. Eine Besichtigung ist auf Anfrage möglich. Bei einer Tour durch den Ort lassen sich noch weitere historische Plätze erkunden.

Adresse Kötterberg 9, 34431 Marsberg-Padberg | **ÖPNV** Buslinie 385 bis Haltestelle Padberg, Burghof | **Anfahrt** A 44 bis Kreuz Wünnenberg-Haaren, auf B 480 in Richtung Bad Wünnenberg, links auf L 956 bis hinter Bleiwäsche, links über Madfeld auf der L 637, an B 7 links bis Bredelar fahren, hier rechts der Beschilderung nach Padberg folgen und Bergstraße hinauf | **Öffnungszeiten** zu den Gottesdiensten | **Tipp** Am Wanderparkplatz Niedermühle unweit von Padberg startet der Bionik-Pfad Marsberg. Der 4,8 Kilometer lange Rundweg bietet neben dem Naturerlebnis spannende Infos für Technik- und Physik-Begeisterte.

56 Das Ritzenhoff Outlet

Buntes Glas direkt von der Quelle

Die wunderschön verzierten Gläser der Firma Ritzenhoff sind weltbekannt und aus kaum einem Interieurgeschäft wegzudenken. Dass die Heimat dieser Gläser im Sauerland liegt, wissen dagegen nur wenige. Nicht weit entfernt vom Hauptsitz in Marsberg, direkt neben der Westheimer Brauerei, kann im Ritzenhoff Outlet ausgiebig eingekauft werden.

Das Ritzenhoff-Kristallglas wird bereits seit 1904 in Marsberg produziert. 1934 trat der Glasgroßhändler Heinrich Ritzenhoff in das Unternehmen ein und brachte den bekannt gewordenen Namen mit. Um Glas zu schmelzen, braucht es eine Temperatur von circa 1.500 Grad Celsius. Dann entsteht aus Quarzsand, Soda, Kalk, Pottasche und Kalisalpeter Kristallglas, welches zu den unterschiedlichsten Gläsern geformt wird. Anschließend wird es aufwendig veredelt und mit den schönsten Dekoren versehen. Ob Bier- oder Schnapsglas, Sekt- oder Weinglas, Cocktail- oder Champagnerglas, Whisky- oder Ginglas, das Sortiment ist breit gefächert und bietet für jeden Anlass das passende Dekor; mal edel, mal rustikal, modern, verspielt oder schlicht.

Von der Entwicklung der Glasform über die Produktion und Veredelung erfolgt jeder Arbeitsschritt in der eigenen Glashütte. Im Factory Outlet in Marsberg-Westheim können die Produkte angesehen und gekauft werden. Es befindet sich auf dem Gelände der Westheimer Brauerei. Seit über 160 Jahren wird hier Bier gebraut. Wer sich im Ritzenhoff Factory Outlet ein Bierglas kauft, kann also gleich das passende Bier aus der Westheimer Brauwelt mitnehmen. Damit der Einkauf zu einem Rundum-Erlebnis wird, sind auch Designergeschirr von Maxwell Williams und andere Produkte mit Heimatcharakter im Angebot.

Direkt gegenüber dem Factory Outlet befindet sich der Westheimer Hopfengarten. Im Sommer kann man sich hier die Grundlage des Bieres aus der Nähe ansehen.

Adresse Kasseler Straße 7, 34431 Marsberg-Westheim | **ÖPNV** Buslinie 494 bis Haltestelle Westheim Brauerei Marsberg | **Anfahrt** A 44 bis Ausfahrt Marsberg, B 7 Richtung Marsberg folgen bis Westheim | **Öffnungszeiten** Mo–Fr 10–18 Uhr, Sa 10–14 Uhr, http://outlet-westheim.de | **Tipp** Keine Bier-, dafür eine wasserreiche Quelle gibt es nicht weit entfernt in Marsberg zu sehen – die Paulinenquelle. Die hübsch angelegte Quellfassung mit ihren Kaskaden und gemütlichen Sitzplätzen lädt zu einem Besuch ein (Parkplatz: Am Beutestollen 4).

57 Die englische Telefonzelle

Vom Erinnerungsort zum Lost Place

Auf dem Platz »Alte Wache« in Menden leuchtet eine rote englische Telefonzelle. Im Jahr 2012 wurde der Ort vor der ehemaligen britischen Kaserne neu gestaltet und aufgewertet. Die Telefonzelle sollte wohl als Erinnerungs- und Ausstellungsfläche für interessante Objekte dienen. Auf alten Fotos im Internet erkennt man noch eine Schaufensterpuppe in der Bekleidung eines britischen Soldaten.

Mittlerweile ist die englische Telefonzelle allem Anschein nach aber eher zu einem Lost Place im Mendener Stadtgebiet geworden. Ausstellungsobjekte sind hier schon lange nicht mehr drin. Anhand verschiedener Zeitungsartikel kann man den schleichenden Verfall der Telefonzelle nachvollziehen.

Die Scheiben sind eingeschlagen und notdürftig geflickt. Trotzdem leuchtet sie immer noch in ihrem wunderschönen Rot auf dem gepflegten Sockel am Rande des früheren Kasernenplatzes. Dieser war bis 1993 die Ein- und Ausfahrt zu Mendens Kaserne, die auch unter dem Namen Northumberland Barracks bekannt war. Erbaut wurde die Einrichtung allerdings nicht von den Briten, sondern bereits in der 1930er Jahren von den Nazis.

Die umliegenden alten Kasernengebäude erscheinen heute immerhin mit einem sauberen Antlitz. Sie wurden nach dem Abzug der Briten in Wohnhäuser umgewandelt. An einer Hausfassade mit angrenzender Mauer gleich gegenüber der englischen Telefonzelle leuchtet StreetArt. In der ehemaligen Unteroffiziersmesse der Briten befindet sich eine Grundschule mit einem liebevoll gestalteten Außengelände, und auf den zahlreichen Grünflächen des gesamten früheren Kasernenareals laden Spielplätze und Freiflächen Kinder zum Toben ein. Bleibt die Hoffnung, dass sich mal einer der Verantwortlichen an die gedenkträchtige Telefonzelle erinnert und ihr neues Leben einhaucht, und sei es als Bücherschrank. Die passenden Sitzbänke zum Lesen stehen schon daneben.

Adresse Droste-Hülshoff-Straße / Delyner Straße / Bismarckstraße, 58708 Menden | ÖPNV Buslinien 21, 221 und BBus Menden 1 und 2 bis Haltestelle Droste-Hülshoff-Straße | Anfahrt A 44, Ausfahrt Kreuz Unna-Ost, über B 233 bis Langschede, nach Überquerung der Ruhr links auf Provinzialstraße, B 515, bis Menden, rechts in Bismarckstraße bis zum Platz mit der roten Telefonzelle | Tipp Noch eine englische Telefonzelle steht in Altenaffeln vor dem Henblas, einem Hotel, Restaurant und Pub im britischen Stil, untergebracht in einem alten Bauernhaus (www.henblas.com). Hier kann man britisches Flair noch live erleben.

58 Die Falknerei

Mit Eulen kuscheln und mit Greifvögeln spazieren gehen

Sie heißen Arktos, Isolde, Nepomuk, Thorin oder Elrond und sind nur fünf der ganz besonderen Einwohner Mendens. Tiefgründig blicken sie einem in die Augen, als versuchten sie, ihr Gegenüber zu hypnotisieren. Der eine schaut stolz und erhaben, ein anderer wiederum grimmig, und mancher könnte nicht charmanter und bezaubernder mit den Augen rollen. Die Rede ist von den »skyhunters in nature«, den Jägern der Lüfte, den gefiederten Stars der Falknerei in Menden.

Sie könnten unterschiedlicher nicht sein, die kleinen und großen Könige und Königinnen der Lüfte, mit denen man bei einem Besuch der Falknerei hautnah auf Tuchfühlung gehen kann. Für Sonja Senica und ihr Team gehören die eindrucksvollen Geschöpfe zur Familie. Jedes hat seinen eigenen Charakter. Masha ist ein neugieriger Steppenadler, Kassiopeia und Kasimir sind zwei Ninox Boobook (Neuseeländische Kuckuckskauze) mit ganz eigenwilligem Ego. Thorin, der Malaienkauz, weiß mit seinem Macho-Charme zu betören, während Charly, ein europäischer Uhu, mit seiner sanftmütigen Art den Besuchern Kraft und Energie spendet.

Eins haben sie jedoch alle gemeinsam, sie faszinieren die Menschen. Um die großartigen Tiere zu erleben, bietet die Falknerei verschiedene Möglichkeiten. Ob beim »Krafttanken mit den Eulen« oder der »Eulenkuschelstunde«, so nah kommt man den gefiederten Stars wohl eher selten. Aber auch Falknerworkshops, Kinderworkshops, individuelle Fotoshootings, Greifvogelspaziergänge und vieles mehr wird angeboten. Es bleibt selten bei einem einmaligen Besuch in der Falknerei, denn wer einmal einer Eule tief in die Augen geschaut hat, wird diesen Moment nicht vergessen. Deshalb kann man auch eine Patenschaft zum Wohl der Tiere übernehmen. Gleichzeitig wird damit die Arbeit der Falknerei im Greifvogelschutz unterstützt, die sich auch um in Not geratene und verletzte Tiere kümmert.

Adresse 58706 Menden, nur mit Anmeldung; die genaue Anschrift wird bei Terminbuchung bekannt gegeben | Anfahrt A 44, Ausfahrt Kreuz Unna-Ost, über B 233 bis Langschede, nach Überquerung der Ruhr links auf Provinzialstraße, B 515, bis Menden | Öffnungszeiten keine regulären Öffnungszeiten, bitte vorher anmelden, Tel. 01523/33871162, info@skyhunters-in-nature.de | Tipp Weitere tierische Abenteuer kann man im Wildpark in Willingen erleben. Auch hier gibt es Greifvogelvorführungen (www.wildpark-willingen.de).

59 Die Pinkelgasse

Schmalste Gasse Mendens

Dieser im Volksmund als Pinkelgasse bezeichnete Durchgang ist die schmalste Gasse Mendens. Sie verbindet die Gerberstraße mit der Pastoratstraße und verläuft zwischen einer kleinen Ansammlung zauberhafter Fachwerkhäuser, den sogenannten Kleinbürgerhäusern, die um 1723 rum entstanden sind.

Besonders niedlich sind die beiden rechts der Pinkelgasse erbauten Bürgerhäuser mit ihren nach vorne zur Straße hin gewandten Dachgiebeln. Doch auch rund um dieses beschauliche Ensemble sind in der Mendener Altstadt viele sehenswerte historische Gebäude erhalten.

Bei einem Rundgang durch die kleinen Straßen, vorbei an den alten Gemäuern, wird man unweigerlich in die Vergangenheit zurückkatapultiert. Neben der Gerber- und Pastoratstraße sind unter anderem auch in der Färber- und Synagogengasse alte Bürgerhäuser zu finden. Dort, wo einst die Synagoge stand, die in der Pogromnacht geschändet und 1950 abgerissen wurde, gedenkt heute ein »Ort des Erinnerns« der 32 Opfer. Das älteste Gebäude Mendens ist das ehemalige Hospiz »Zum heiligen Geist« am Kirchplatz. Es stammt aus den Jahren vor 1300 und war das erste Alten- und Pflegehaus der Umgebung. Das Alte Pastorat ist heute immer noch ein Pfarramt. Der Rentschreiberturm, der Poenigeturm sowie der Teufelsturm, einst Duivelsturm genannt, wurden ursprünglich als Teil der Stadtmauer errichtet, die einst über insgesamt zwölf Türme verfügte. Der Teufelsturm erhielt seinen Namen, weil er zur Zeit der Hexenverfolgung als Gefängnis genutzt wurde. In seinem Inneren befindet sich heute das Museum der »Westfälischen Fastnacht«. Im Poenigeturm ist die Ausstellung »47 Hexenschreine« untergebracht.

Etwas schmucker wird es in der Hauptstraße, die mit dem Klassizistischen Haus und dem ehemaligen Adelshof über zwei imposante Gemäuer verfügt. Dazu gesellt sich am Marktplatz das Alte Rathaus mit seinen Jugendstilelementen.

Adresse Gerberstraße 8, 58706 Menden | ÖPNV Buslinie 24 bis Haltestelle Ostwall Krankenhaus | Anfahrt A 44, Ausfahrt Kreuz Unna-Ost, über B 233 bis Langschede, nach Überquerung der Ruhr links auf Provinzialstraße, B 515, bis Menden, an der großen Kreuzung links auf B 7, 2. rechts in die Bodelschwinghstraße, am Kreisverkehr geradeaus, gegenüber vom Bahnhof links, Parkplätze Bahnhofstraße 16 oder Westwall 19 | Tipp Die Altstadtrallye führt vorbei an den historischen Schätzen Mendens.

60 Die Himmelstreppe

Hoch hinaus am Hennesee bei Tag und Nacht

Der direkte Weg in den Himmel führt über die Himmelstreppe. 333 Stufen, 55 Höhenmeter und bis zu 43 Grad Steigung sind dabei zu überwinden. Oben angekommen, blickt man von der Aussichtsplattform über die Welt, oder zumindest über den Teil, der sich unmittelbar vor den eigenen Augen befindet, in diesem Fall der Hennesee mit seiner umliegenden Landschaft.

Die Himmelstreppe führt seit 2014 hinauf auf den rund 60 Meter hohen und 276 Meter langen Staudamm des Hennesees. Ihre Planung und ihr Bau waren Teil eines Werkstattverfahrens zur Neugestaltung des nördlichen Hennesees. Das Bauwerk ist Bestandteil der Highlights am Henne-Boulevard, der auf zwei Kilometern von der Innenstadt Meschedes entlang des Flusses bis zum See führt. Mit ihrer rostroten Färbung setzt sich die Himmelstreppe tagsüber deutlich von der grünen Flanke des Staudamms ab, was einen besonderen Hingucker schafft. Nachts ist es die romantische Beleuchtung des Handlaufs, die für eine imposante Erscheinung des Aufgangs sorgt und ein großartiges Fotomotiv bietet. So gelangt man zu jeder Zeit in den Himmel.

Über die Himmelstreppe erreicht man auch den Hennepark, der über verschiedene Freizeitmöglichkeiten verfügt, die Natur und Wasser erlebbar machen. Es gibt eine Aussichtsplattform, Wasserbausteine und Spielgeräte. Mit der »MS Hennesee« kann man sich in einer gemütlichen Stunde über das Wasser schippern lassen. Verschiedene Badebuchten um den Hennesee laden an warmen Tagen zur Erfrischung ein. Sogar eine Taucherbucht gibt es; bei Vollstau sind Tauchtiefen von über 30 Metern möglich. Wer gerne wandert, kann auf dem zwei Kilometer langen SinnePfad mit insgesamt zehn Mitmachstationen die Umgebung am See erkunden. Gemütliche Ausflugslokale sind rund um die Hennetalsperre ebenso zu finden, sodass sich hier ein paar erholsame und zugleich erfrischende Stunden verbringen lassen.

Adresse Am Stadtpark 6, 59872 Meschede, barrierefrei ist nur der Blick auf die Treppe | **ÖPNV** Buslinie S 70 bis Haltestelle Meschede, Stadtpark, zu Fuß noch etwa 15 Minuten | **Anfahrt** A 46 bis Ausfahrt Enste und Beschilderung Richtung Meschede, Hennesee folgen, von B 55 auf Höhe des Staudamms rechts in Am Stadtpark, kleiner Parkplatz wenige Meter weiter, anschließend noch etwa 650 Meter zu Fuß | **Tipp** Noch höher in den Himmel geht es bei einem Rundflug über das Sauerland. Schnupperflüge werden beispielsweise vom Luftsportverein Brilon e. V. angeboten (https://lsv-brilon.de). In Meschede gibt es für Fluginteressenten sogenannte Einführungsflüge (https://flugplatz-meschede.de).

61__Die StreetArt

Moderne Kunst an der Coventry-Brücke

Henning Feil ist der Name, der für Graffiti-Kunst »Made in Sauerland« steht. Eine Vielzahl seiner Motive findet sich jedoch nicht nur im Sauerland und der näheren Umgebung, sondern hat es bereits rund um den Globus geschafft. Seine Wandbilder kann man in den berühmten New Yorker Stadtteilen Brooklyn und Harlem, in San Francisco, Tokio, Hongkong oder London entdecken, und überall, wo sie auftauchen, sind sie ein absoluter Hingucker.

Doch nicht nur Wände sind vor ihm nicht sicher, auch alten Helikoptern oder ausrangierten Militärflugzeugen haucht er mit seinen bunten Farben neues Leben ein, genauso wie Foodtrucks, Sattelschleppern, Autos und Anhängern. Mit etwas Glück erkennt man seine Initialen sogar im Vorbeifahren. Wer darauf nicht warten möchte, kann sich eine seiner Arbeiten in Meschede an der Coventry-Brücke ansehen und einen Schnappschuss machen. Ein weiteres Gemälde, die Nautilus, befindet sich in Brilon in der Gerberstraße 1; und auch darüber hinaus sind seine Werke, überwiegend Auftragsarbeiten, weiträumig im Sauerland an Restaurants oder Cafés und sogar in Innenräumen von Unternehmen verteilt.

Geboren wurde Henning Feil 1983 in Warstein; heute lebt und arbeitet der gelernte Malermeister als Graffiti-Künstler und Urban Artist in Brilon. Bereits im Alter von 14 Jahren entdeckte er seine Liebe zur Malerei, die er sich bis heute bewahrt hat. Die Leidenschaft für die Graffiti-Kunst erkennt man in jedem seiner ausdrucksstarken und kreativen Werke. Seit 2016 ist er auch unter seinem sogenannten Alter Ego, seinem zweiten Ich, einem erfundenen, fiktiven Charakter namens »Norbert3000«, der ein böses Alien auf der Flucht durch die Galaxie darstellen soll, bekannt. Der Schriftzug prangt oft groß und deutlich auf seinen farbkräftigen Kunstwerken. Auch auf Instagram ist er unter dem Pseudonym zu finden. Dort teilt er immer wieder Bilder seiner aktuellen Werke. Mehr Infos auf der Homepage des Künstlers.

Adresse Ruhrplatz 7, 59872 Meschede, https://henning-feil.de | **ÖPNV** vier Minuten vom Bahnhof Meschede entfernt | **Anfahrt** A 46, Ausfahrt Meschede und Richtung Meschede Zentrum / Bahnhof, Bahnlinie überqueren, anschließend zwei Mal links und Coventry-Brücke überqueren, Parkmöglichkeiten in Le-Puy-Straße (nächste rechts nach der Brücke) | **Tipp** Noch mehr Kunst gibt es in der Südwestfälischen Galerie im Museum-Holthausen (Kirchstraße 7, 57392 Schmallenberg-Holthausen). Themen wie Sauerländer Landschaften, Bilder von Menschen und mehr sind hier ausgestellt.

62__Der Jüppkenpark

Auftanken in doppelt und dreifacher Hinsicht

Im Ortsteil Berge von Meschede befindet sich der Jüppkenpark. Mit seinen 0,2 Hektar Fläche ist er zwar nur der viertgrößte Park der Stadt, dafür bietet er aber durch seine idyllische und ruhige Lage das beste Ambiente zum Entspannen und Verweilen.

Im Schatten hoher Bäume lässt es sich an warmen Tagen gut aushalten. Aus einem kleinen Brunnen plätschert munter das Wasser in einen beschaulichen Teich. Für Kinder gibt es einen Spielplatz, und sogar für einen gemütlichen Grillabend-Platz ist gesorgt. In Wolos Kellerbar stehen hierzu die passenden Getränke kalt. Wer etwas für die Gesundheit tun möchte, ist herzlich eingeladen, die Kneippanlage mit Tret- und Armbecken aufzusuchen. Am Jüppkenstrülleken kann frisches Quellwasser gezapft werden. Genügend Sitzplätze für einen geruhsamen Aufenthalt sind ebenso vorhanden. Der Jüppkenpark befindet sich unmittelbar am SauerlandRadring und eignet sich prima für einen kurzen Zwischenstopp, währenddessen die Wasservorräte an der Quelle aufgefüllt werden können. Wem die Luft ausgeht, der kann diese an der Lufttankstelle nachfüllen.

Seinen Namen verdankt der Park dem 50 Meter oberhalb gelegenen Bildstock. Dieser zeigt den mit Wunden übersäten Hiob aus dem Alten Testament. Vermutlich wurde der Bildstock um 1630 errichtet, als die Pest in der Gegend ausgebrochen war. Der Heilige sollte die Bürger davor schützen. Aus dem Namen Hiob wurde im Laufe der Jahrhunderte Job, Jupp und schließlich Jüppken.

Ein Stück weiter befindet sich der »Summende Schul- und Erlebnisgarten Berge«. In dem kleinen Paradies kann man einiges über das Leben des Bienenvolkes entdecken und lernen. Auf zahlreichen Schautafeln werden etliche Informationen bereitgestellt. Dazu ist hier auch der Berger Brummer, ein Summstein aus dem Wennetal, zu finden. Das Areal steht jedermann offen und dient auch als außerschulischer Lernort für die Outdoorklasse der Luciaschule.

Adresse Zum Feisberg 5, 59872 Meschede-Berge | ÖPNV Buslinien C 4, 367 bis Haltestelle Berge, Wennestraße, zu Fuß gegenüber in die Straße Zur Winnschla | Anfahrt A 46, Ausfahrt Wennemen, Richtung Freienohl, links über die Ruhr und der Straße in einem Linksknick folgen bis Berge, Parkmöglichkeiten Zur Winnschla 8 | Öffnungszeiten immer | Tipp Nicht weit entfernt und im Rahmen einer kleinen Wanderung zu erreichen sind die Überreste der ehemaligen Burg Wallenstein auf dem gleichnamigen Berg. Ein paar Mauerreste und Gräben können auf dem abenteuerlich wirkenden Areal besucht werden.

63 Die Kanzelbrücke

Der perfekte Ort für einen Heiratsantrag

Die hübsche Kanzelbrücke am Möhnesee wirkt wie die Zufahrt zu einem Schloss. In fünf gemauerten Rundbögen überspannt sie den Zufluss der Möhne in die Talsperre. Ihre kleinen Aussichtsbalkone sehen aus wie Schlosstürmchen. Ein romantischer Ort für einen Heiratsantrag. Unterhalb der Brücke befindet sich das Naturschutzgebiet Möhneaue mit seinen naturbelassenen Ufern – ein Paradies für die Tierwelt.

Die ursprüngliche Brücke wurde bereits im Jahr 1912 erbaut, im Zweiten Weltkrieg allerdings so stark beschädigt, dass sie 1953 wiederhergestellt werden musste. Die Brücke liegt zwischen den Ortsteilen Völlinghausen und Wamel und gilt als eine der schönsten Steinbrücken Deutschlands. Sie ist die älteste Brücke über den Möhnesee und wurde nach dem Vorbild alter deutscher Flussbrücken errichtet. Die eingangs erwähnten Schlosstürmchen sind ihre Pfeiler, sie ähneln in ihrer Bauweise Kirchenkanzeln. Deshalb erhielt das Bauwerk den Namen Kanzelbrücke, ist aber auch unter dem Namen Wameler Brücke bekannt. Insgesamt ist sie 60 Meter lang und wurde aus Grauwacke und Sandstein gebildet.

Rund um die Brücke laden herrliche Wege zu ausgedehnten Spaziergängen und Wanderungen ein. Ein kurzweiliger, 2,4 Kilometer langer Rundweg verläuft entlang der Möhneaue und erläutert an zwölf Station die ökologischen und kulturhistorischen Besonderheiten der Region. In der anderen Richtung wandert man zum Möhnesee-Turm, von dem sich ein spektakulärer Blick über die Talsperre bietet.

Zu den Pflichtbesuchen in der Umgebung zählt auch die Staumauer der Möhnetalsperre. Das wuchtige Bauwerk bietet eine imposante Kulisse vor einer traurigen Geschichte. Durch einen britischen Bombenangriff wurde die Staumauer im Zweiten Weltkrieg so stark geschädigt, dass sich eine riesige Flutwelle ins Tal ergoss, die 1.600 Menschen das Leben kostete.

Adresse Ecke Fißmeckeweg/Möhneufer, 59519 Möhnesee-Wamel | ÖPNV Buslinien 549, 552, 603, R 51 bis Haltestelle Wamel, Kanzelbrücke | Anfahrt A 44, Ausfahrt Soest-Ost, auf L 856 Richtung Völlinghausen, hinter dem Ort links auf Im Möhnetal und direkt wieder rechts in Zum Wildpark, in Pferdekamp rechts, links in Luerweg, rechts in Fißmeckeweg und bis zum Parkplatz vorm Kopf der Brücke | Tipp In unmittelbarer Nähe zum Möhnesee befindet sich auch der Wildpark Völlinghausen. Er ist frei zugänglich und durchgehend geöffnet. Hunde dürfen an der Leine mitgeführt werden.

64__Die Lenneschleife

Wo die Lenne der Mosel Konkurrenz macht

Ein unerwartet spektakulärer An- und Ausblick auf die Lenne und die steil aufragenden Felswände an ihrem Ufer findet sich in Nachrodt-Wiblingwerde, einem kleinen Ort, an dem die meisten auf dem Weg zur Burg Altena wohl eher vorbeifahren. Dabei lohnt sich ein Stopp inmitten der engen Schleife, die die Lenne hier vollzieht, um entweder von unten auf die imposanten Schieferhänge zu blicken oder um eine kleine, dafür aber umso anstrengendere Wanderung nach oben zu unternehmen, den Berg hinaufzukraxeln und den Ausblick von oben zu genießen.

Im Lennepark entlang des Flusses laden geschwungene Holzliegen zu einer Pause ein. Das Wasser ist recht flach und plätschert fröhlich über das steinige Flussbett. An dem urigen Strand kann man die Füße kühlen und Wasservögel beobachten. Mit etwas Glück kommt auch ein Eisvogel vorbeigeflogen. Atemberaubend ist der Blick auf die fast senkrechten Felswände auf der gegenüberliegenden Seite.

Wer hoch hinauswill, muss dazu der Lennepromenade folgen. Dann geht es rechts über die Brücke und kurz danach wieder rechts in Richtung der Felsen. Man muss sich etwas vom Fluss abwenden, und alsbald erkennt man überall urtümliche und steile Pfade, die sich den Hang hinaufwinden und zu den schroffen Abgründen führen. Achtung, an manchen Stellen besteht hier durchaus Absturzgefahr. Je höher man gelangt, desto imponierender werden die Aussichten. Die Felsen ragen aus dem Boden genauso wie die urwüchsigen Wurzeln der Bäume, die sich an dem kargen Untergrund festzukrallen scheinen. Immer wieder bieten sich von den teils exponierten Felsnasen, zu denen ausgetretene Steige führen, beeindruckende Ausblicke. Oben angekommen, kann man die Lenneschleife besonders schön erkennen, das Ambiente erinnert an die Mosel. Idyllisch windet sich der Fluss durch das Tal, während sich der kleine Ort mit seiner auffallenden Kirche paradiesisch in die Mitte kuschelt.

Adresse Hagener Straße 14, 58769 Nachrodt-Wiblingwerde | ÖPNV Buslinien 37, 49, 249, S 1, BBUS Nachrodt 3 bis Haltestelle Nachrodt-Wiblingwerde, Amtshaus | Anfahrt A 46, Ausfahrt Iserlohn-Oestrich, weiter auf B 236 Richtung Altena, Parkplatz direkt am Lennepark | Tipp Ein weiterer markanter Felsen entlang der Henne ist die Formation »Pater und Nonne« in Iserlohn, auf die man direkt zufährt, wenn man über die B 236 Richtung Autobahn unterwegs ist.

65 Der Weinberg

Wo schon die Mönche vor 200 Jahren Wein kelterten

Ein Weinanbaugebiet würde sicher niemand im Sauerland vermuten, und doch gibt es ihn, den Weinberg in Neuenrade. Ein Hauch von Moselstimmung liegt hier in der Luft. Sorgsam aufgereiht stehen die Reben an dem steilen, nach Süden ausgerichteten Berghang und blicken hinab auf den Ort; genauso wie die Besucher, die diesen besonderen Platz aufsuchen, um sich davon zu überzeugen, dass es tatsächlich Weinanbau im Sauerland gibt.

Geschichtlich gesehen, so könnte man sagen, blickt Neuenrade auf eine echte Weinanbautradition zurück. Ganz in der Nähe befand sich am Wümberg einst das Kloster Berentrop, welches 1806 in Privatbesitz überging und von dem heute lediglich das denkmalgeschützte Haupthaus übrig ist. Die dort ansässigen Mönche bewirtschafteten bereits vor über 200 Jahren sowohl hier, wo jetzt wieder die Reben stehen, sowie an anderen Stellen rund um Neuenrade Weinanbaugebiete, und das mit Erfolg. Nachweisen konnte das der Neuenrader Stadtarchivar Dr. Kohl, der sich lange mit dem Thema beschäftigte und die Archive durchforstete. Letztlich stellte er anhand alter Ortsbezeichnungen in Verbindung mit der sprachlichen Entwicklung verschiedene Anbaugebiete fest. Namen wie Winnen- oder Wümberg sind eindeutig mit Weinberg zu übersetzen. Dazu kommt, dass in verschiedenen Neuenrader Familienwappen Weintrauben auftauchen, die mit Weinanbau in Verbindung gebracht werden. Somit ist es nicht erstaunlich, dass Neuenrade auch in der Gegenwart und hoffentlich auch in der Zukunft ein zwar sehr kleines, dafür umso bezaubernderes Weinanbaugebiet besitzt.

Aktuell werden zwei Rebsorten angebaut, Regent und Solaris. Im Zusammenhang mit der Aktion »Offene Gärten im Ruhrbogen« laden die Weinbergfreunde von Zeit zu Zeit zu Besichtigungen und Weinproben ein. Bei Interesse sind aktuelle Informationen auf deren Homepage zu finden.

Adresse Umweg, 58809 Neuenrade, www.gaerten-im-ruhrbogen.de | **ÖPNV** Buslinien 60, 260, 267 bis Haltestelle Neuenrade, Garbecker Straße, zu Fuß weiter in Fahrtrichtung, an der Apotheke links in Dahler Straße bis Umweg, hier rechts und bergan | **Anfahrt** A 46 bis Iserlohn-Oestrich, B 236 bis Altena, am Kreisverkehr geradeaus, am nächsten Kreisverkehr links, an der Einmündung Dahler Straße rechts in Richtung Neuenrade bis zur Parkmöglichkeit Wanderparkplatz Kohlberg Skiwiese L 698 / Ecke Iserlohner Postweg, Wanderweg direkt an der Straßenkreuzung bergab | **Tipp** Vom nächsthöher gelegenen Wanderparkplatz Kohlberg geht es in wenigen Minuten zum Quitmannsturm. Von hier aus kann ein herrlicher Ausblick über die Region genossen werden.

66 Die Turmhügelburg

Von Herne nach Küntrop – eine Burg zieht um

Einst stand in Neuenrade-Küntrop die Wasserburg Gevern. Sie war eine sogenannte Motte im Besitz der Grafen von Arnsberg und lag an einem regional bedeutsamen Weg unmittelbar an der damaligen Grafschaftsgrenze zu den Grafen von der Mark. Trotz umfangreicher Befestigungen gelang es dem stärkeren Nachbarn, Graf Engelbert III., im Schicksalsjahr 1355 die Burg zu zerstören. Der frühere Wassergraben auf dem einstigen Burgareal ist heute noch erkennbar, und eine Informationstafel weist auf den besonderen Ort hin. Doch viele Jahrhunderte später hatten die Neuenrader die Gelegenheit, an eine neue Motte zu kommen.

Als Motten werden Turmhügelburgen des 11. und 12. Jahrhunderts bezeichnet. Sie wurden auf einem künstlich aufgeschütteten Hügel, der von einem Wassergraben umgeben war, errichtet. Die Türme waren in der Regel aus Holz und konnten unterschiedlich hoch sein. Bauherren waren sowohl Angehörige des niederen Adels als auch Feudalherren.

Im 21. Jahrhundert ist der Bau von Motten wohl als eher ungewöhnlich einzustufen. Doch im Zuge der Ausstellung »AufRuhr 1225 – Ritter, Burgen und Intrigen: Das Mittelalter an Rhein und Ruhr« entstand im Jahr 2010 die Rekonstruktion einer idealtypischen Motte im LWL-Museum für Archäologie in Herne. Mit einer Höhe von 22 Metern und einer Breite von sechs Metern war sie der Hingucker im Museum. Nach Ablauf der Ausstellung sollte sie abgebaut und verschenkt werden. Das bekamen die spitzfindigen Neuenrader mit und bewarben sich um das außergewöhnliche Geschenk. Dank der Tatsache, dass es einst eine echte Turmhügelburg in Neuenrade-Küntrop gab, waren die Gespräche von Erfolg gekrönt, und so zog die Motte von Herne nach Neuenrade und bekam unweit des früheren Standorts der Burg Gevern ihren neuen Platz. Das würde die Grafen von Arnsberg sicher freuen. Jeden ersten Sonntag im Monat, von Ostern bis Oktober, sind Besichtigungen möglich.

Adresse Zur Dinneike, 58809 Neuenrade-Küntrop | ÖPNV Buslinien 60, 260, 267 bis Haltestelle Neuenrade, Roder Weg, noch 500 Meter zu Fuß | Anfahrt A 46 bis Ausfahrt Iserlohn-Seilersee, abbiegen Richtung Iserlohn-Zentrum und der Beschilderung Richtung Neuenrade folgen, in Küntrop links in die Garbecker Straße und erneut links in Zur Dinneike | Öffnungszeiten Ostern–Okt. jeden 1. So 14–17 Uhr | Tipp An der Turmhügelburg beginnt auch der Geschichtspfad durch die ehemalige Grafschaft Arnsberg.

67 Der Schützenplatz

Größter Biergarten in Südwestfalen

Die Begriffe Sauerland und Schützenfest sind untrennbar miteinander verbunden. Genauso wie der Karneval ins Rheinland gehört und das Oktoberfest nach München, ist das Sauerland ohne Schützenfeste schlecht vorstellbar. Es gibt hier wohl kaum einen Ort, an dem nicht irgendwann im Jahr einmal bunte Fähnchen in allen Gassen wehen und die Blaskapellen ihre traditionelle Marschmusik zum Besten geben. Da wird tagelang gefeiert, bis der Vogel abgeschossen und der neue König gekrönt ist. Und auch dann geht es noch weiter.

Was zu einem ordentlichen König nebst Hofstaat natürlich gehört, ist das passende Ambiente für all die Zeremonien, die rund um das Schützenfest stattfinden. Und dafür gibt es im Sauerland recht aufwendig gestaltete und liebevoll gepflegte Orte. Einer davon ist der Ümmerich in Olpe. Mit seinen weißen Rundbögen und dem davor etwas höher gelegenen Tanzboden, der von weißgrünen Säulen umrahmt wird, hat er eine wahrlich königliche Ausstrahlung. Hier ist der St.-Sebastianus-Schützenverein zu Hause. Die urkundlich bezeugten Ursprünge des Vereins reichen bis ins Jahr 1524 zurück, wobei der jetzige Schützenplatz jünger ist. Die Schützenhalle stammt aus den Jahren 1906/1907, der zugehörige Tanzboden wurde 1908 errichtet.

Das gesamte Areal hat eine Fläche von majestätischen 20.000 Quadratmetern. Davon wird aber nur ein Teil zum Feiern genutzt: der Tanzboden mit 560, das Hauptzelt mit fast 1.300 und die oberste Terrasse mit 1.500 Quadratmetern. Die unteren Terrassen bieten über 800 Sitzplätze, idyllisch unter Lindenbäumen gelegen. Damit ist, nach Angaben des Schützenvereins, der Ümmerich der größte Biergarten in Südwestfalen und damit sicher auch im Sauerland.

Seinen Namen verdankt der Ümmerich vermutlich dem Berg, auf dem er liegt. Dessen eigentliche Bezeichnung Imberg soll sich im Laufe der Zeit zu Ümmerich gewandelt haben.

Adresse Römerstraße 1, 57462 Olpe | **ÖPNV** Buslinie L 540, L 544, L 546, R 90, SB 3 bis Haltestelle Olpe, Kreishaus, zu Fuß 650 Meter, gegen die Fahrtrichtung des Busses, rechts in Danziger Straße, links in Seminarstraße, rechts in Schützenstraße bis Abzweig Römerstraße | **Anfahrt** A 45 bis Ausfahrt Olpe und weiter in Richtung Ortsmitte, am Kreisverkehr die 3. Ausfahrt nehmen und auf Höhe des Rathauses links in die Westfälische Straße, später links in die Schützenstraße und dieser bis zur Römerstraße folgen | **Öffnungszeiten** Schützenfest: 3. Wochenende im Juli, www.schuetzenverein-olpe.de | **Tipp** Eine der größten Schützenhallen und dazu im charakteristischen Sauerländer Fachwerkflair gibt es in Oeventrop zu bestaunen. Hier residiert die St. Sebastianus Schützenbruderschaft Oeventrop.

68 Die Kneipp-Figuren

Unterwegs im ältesten Kneipp-Ort des Sauerlands

In Olsberg stehen sie an allen Ecken und sind nicht zu übersehen – die lebensgroßen Kneipp-Figuren. Insgesamt 36 an der Zahl verteilen sich rund um die Stadt und ihre drum herum liegenden Ortsteile. Bunt leuchten sie dem Betrachter entgegen, und so ist jede für sich ein Unikat.

Seit 1895 wird in Olsberg die Tradition des Kneippens gelebt. Damit ist es der älteste Kneipp-Ort in Nordrhein-Westfalen und der zweitälteste Deutschlands (nach Bad Wörishofen). Eingeführt wurde das Kneippen in Olsberg durch Dr. August Grüne, dem hier auch ein Kurpark gewidmet ist. Er war als Landarzt tätig und befürwortete die von Sebastian Kneipp ins Leben gerufene Heillehre. In Olsberg eröffnete er ein Sanatorium, die sogenannte Kaltwasserheilanstalt mit 25 Betten, die später durch seinen Sohn August Junior Grüne weitergeführt wurde. Nach seinem Tod erging es dem Sanatorium jedoch immer schlechter, sodass es 1973 verkauft und später abgerissen wurde.

Dennoch hat sich die Kneipp-Tradition bis heute in Olsberg gehalten. Es gibt einen Kneipp-Wanderweg mit sechs natürlichen Tretstellen, verschiedene Kneipp-Kraftorte und einen Kneipp-Erlebnispark mit unterschiedlichen Möglichkeiten zum Kneippen sowie einem Kneipp-Kräutergarten, einen Barfußpfad, Wohlfühlinseln, einen Bewegungsparcours und mehr. Und mittendrin finden sich immer wieder die Kneipp-Figuren. Die Konzeption und Gestaltung des Grundmodells stammt von dem heimischen Maler und Bildhauer Jürgen Suberg aus Elleringhausen. Die Idee selbst ist auf den seit 2006 amtierenden Vorsitzenden der Olsberger Werbegemeinschaft Helmut Schmücker zurückzuführen, der sich über Jahre für das Projekt einsetzte, bis es schließlich 2017 realisiert wurde. Für jede Figur stehen Unternehmen der Region Pate. Bei einem Rundgang durch Olsberg oder beim Kneippen lassen sich die farbenfröhlichen Unikate entdecken.

Adresse Rutsche 6, 59939 Olsberg | **ÖPNV** Buslinie 460 bis Olsberg, Rutsche, zu Fuß zurück entgegen der Fahrtrichtung, bis zum Ziel etwa 400 Meter | **Anfahrt** A 46 bis zum Ende der Autobahn, rechts auf B 480 nach Olsberg, hier links in Hauptstraße (wird später zur Ruhrstraße), nach Überquerung der Ruhr Kreisverkehr an der 1. Ausfahrt verlassen und die nächste links in Zur Rutsche | **Öffnungszeiten** alle Standorte unter www.olsberger-kneipp-figuren.de/standorte.html | **Tipp** In Olsberg-Bruchhausen befindet sich der »Kneippsche Sinnesgarten«. Sowohl beim Kneippen selbst als auch bei einem Rundgang vorbei an den verschiedenen Stationen stellt sich eine wohltuende Erholung ein.

69__Das Kropff'sche Haus

Eine Fachwerkvilla im Schlösschen-Stil

Wenn es um die Schlösser im Olsberger Stadtgebiet geht, wird das Kropff'sche Haus stets mit dazugezählt. Zwar verweilten hier zu Lebzeiten keine Adligen, aber die reiche Unternehmerfamilie von Ida Kropff-Federath. Die bezaubernde Fachwerkvilla mit ihren hübschen Giebeln und Erkern sowie dem zentralen Uhrentürmchen ist ein romantischer Hingucker im Zentrum von Olsberg.

Ursprünglich war das Kropff'sche Haus ein Gewerkenhaus; gebaut wurde es um 1701. Die Familie Kropff war vom 17. bis ins 19. Jahrhundert hinein sowohl im Eisenbergbau als auch in der Eisenverarbeitung rund um Brilon und Olsberg tätig. Der aufwendige Baustil des Gebäudes lässt darauf schließen, dass es der Familie wirtschaftlich sehr gut ging. Insbesondere die Bedachung des Hauses mit Schiefer, der damals noch enorm teuer war, ist ein Indiz für ihren Wohlstand.

Ida Kropff war die letzte Alleininhaberin der Olsberger Hütte. Ihr erster Ehemann Caspar Kropff verstarb im Alter von 52 Jahren. Ihr zweiter Ehemann, Dr. Hans Carl Federath, Landrat des Kreises Brilon, brachte sich nicht in das Hüttengeschäft ein, weshalb sie mit Unterstützung ihres Neffen das Werk ihres ersten Mannes weiterführte. Mit ihrem Tod am 1. August 1918 brachte sie ihr gesamtes Vermögen in eine Stiftung ein. Ihr wichtigster Wunsch war die Einrichtung eines katholischen Waisenhauses. Dieses fand seinen Platz im Kropff'schen Haus. Bedingt durch die Inflation war dies der einzige ihrer Wünsche, der umgesetzt werden konnte. Im Zweiten Weltkrieg musste das Haus zwischenzeitlich als Lazarett herhalten. Danach wurde es erneut zum Kinderheim.

Heute ist die Jugendhilfe Olsberg Teil der Kropff-Federath'schen Stiftung und damit auch im Kropff'schen Haus untergebracht, sodass sich der Wunsch von Ida Kropff-Federath bis in die Gegenwart erfüllt hat und auch zukünftig weiter von Bestand ist. Nur wenige Meter entfernt lockt übrigens das Café Kropff mit süßen Leckereien.

Adresse Rutsche 6, 59939 Olsberg | **ÖPNV** Buslinie 460 bis Olsberg, Rutsche, zu Fuß zurück entgegen der Fahrtrichtung, bis zum Ziel etwa 400 Meter | **Anfahrt** A 46 bis zum Ende der Autobahn, rechts auf B 480 nach Olsberg, hier links in Hauptstraße (wird später zur Ruhrstraße), nach Überquerung der Ruhr Kreisverkehr an der 1. Ausfahrt verlassen und die nächste links in Zur Rutsche | **Öffnungszeiten** nur von außen zu besichtigen | **Tipp** Olsberg ist bekannt als Kneippkurort. Im Kneipperlebnispark kann sogar in der Ruhr gekneippt werden. Parkplätze befinden sich an der Tourismusinformation, Ruhrstraße 32.

70 Das Rosendorf

Rosen, Gedichte und Traditionen

Assinghausen ist bekannt als das Rosendorf. Im Sommer herrscht dank der üppigen Rosenpracht ein ganz besonderes Flair in dem malerischen Fachwerkörtchen. Weniger bekannt sind die übrigen Sehenswürdigkeiten, die von den Rosen gerne überstrahlt werden. So gibt es hier mitten im Ort eine Felsenhöhle, in der früher Eis zur Bierkühlung gelagert wurde, das Geburtshaus des Heimatdichters Friedrich Wilhelm Grimme, den Reisen-Speicher und noch viele andere Kleinigkeiten.

Aber natürlich ist es zur Zeit der Rosenblüte besonders schön in Assinghausen, denn dann duftet es im ganzen Ort nach lieblichem Rosen-Poutpourri. Vier Rosenwege führen durch das Dorf mit seinen historischen Fachwerkhäusern und bezaubernden Rosengärten, die zum Betrachten und Verweilen einladen. Ein besonders schöner ist der Romantikgarten am Reisen-Speicher. Der Zehntspeicher wurde 1556 errichtet, ist das älteste Gebäude im Stadtgebiet Olsberg und diente einst der Lagerung von Steuereinnahmen, die in Form von Naturalien entrichtet wurden. Unterhalb des Romantikgartens befindet sich das Friedrich-Wilhelm-Grimme-Denkmal, sein Geburtshaus ist nicht weit entfernt. Es diente einst als Schul- und Pfarrhaus. Eine Statue des Dichters wacht heute vor dem Gebäude.

Die hübschen Fachwerkhäuser des Ortes bestechen mit ihrem ganz eigenen Charme. Das älteste Bauernhaus, das Buskers Haus, wurde bereits 1688 erbaut. Zahlreiche Inschriften und ein rot-weißer Bogen zieren die urige grüne Holztür und den Giebel. Die neugotische Kirche St. Katharina überstrahlt den Ort, und es ist überaus lohnenswert, den urtümlichen Figuren an ihrer Fassade etwas Aufmerksamkeit zu schenken. Und so überrascht das Rosendorf Assinghausen mit vielen sehenswerten Kleinigkeiten. Wenig bekannt ist auch die Tatsache, dass zwischen 1902 und 1952 die Trasse der Kleinbahn von Steinhelle bis Medebach mitten durch den Ortskern verlief.

Adresse Brunnenweg, 59939 Olsberg-Assinghausen | ÖPNV Buslinien S 30, R 31 Richtung Medebach bis Haltestelle Assinghausen, Im Erlen | Anfahrt A 46 bis zum Ende der Autobahn bei Bestwig, dann B 480 bis Assinghausen, kleine Parkmöglichkeit an der Kirche St. Katharina im Ort am Brunnenweg | Tipp Blütenreich ist es auch im Nachbarort Bruchhausen. Das paradiesische Gutscafé und der Blütengarten laden zum Schnuppern und Genießen ein (www.rosenbogen-heidrich.de).

71 Der Strüker Stein

Der kleine Bruder der Bruchhauser Steine

Unweit der Bruchhauser Steine befindet sich der kleine Stiefbruder der vier Felskolosse – der Strüker Stein. Erst seit dem Orkan Kyrill im Jahr 2007 versteckt er sich nicht mehr im Wald, dennoch ist er noch immer nicht so bekannt wie seine großen Brüder. Der Strüker Stein zählt 390 Millionen Jahre und war im Laufe der Zeit Schauplatz vieler kultureller Rituale. Seit 2009 ziert ein Gipfelkreuz den sechs Meter hohen Fels-Monolithen, von dessen Fuß sich ein herrlicher Ausblick über die Landschaft bietet.

Eindrucksvoll thront der Strüker Stein auf dem Flachrücken des Ibergs (596 Meter über NN). Er besteht aus altem, verquarztem Schiefer mit weißen Quarzgängen und Einschlüssen. Das Kreuz wurde zum Dank für Gottes Schutz in der Kyrill-Nacht und bei den gefährlichen Aufräumarbeiten in den Wäldern errichtet. Wenige Meter unterhalb des Felsens befindet sich ein Picknickplatz mit Bänken und Tisch sowie eine Stempelstelle für die Assinghauser Wandernadel. Das Klettern auf dem Felsen ist verboten, weil er als Naturdenkmal gilt. Es ist aber erlaubt, auf den Feldstein, den am höchsten gelegenen der Bruchhauser Steine, zu steigen. Eine in den Fels gearbeitete Treppe und Absicherungen helfen beim Aufstieg. Festes Schuhwerk und Trittsicherheit sollten mitgebracht werden. Ansonsten kann man sich auch rund um den Strüker Stein in der Natur vollends austoben. Wer den Hinweg über den 150 Jahre alten historischen Kreuzweg gewählt hat, der übrigens das Lebenswerk des Gemeindehirten Adam Leonard darstellt, kann die Runde komplett machen und nach dem Besuch des Strüker Steins gegen den Uhrzeigersinn weiterwandern. Ein kleiner, unscheinbarer Abstecher führt hier – noch einmal links abbiegend – zu einem kleinen Felsbrocken am Rande einer Wiese auf dem Iberg.

Zurück in Assinghausen kann man seine warm gelaufenen Füße im Tretbecken des Küsterlandparks kühlen.

Adresse 59939 Olsberg-Assinghausen | **ÖPNV** Buslinien S 30, R 31 Richtung Medebach bis Haltestelle Assinghausen, Im Erlen | **Anfahrt** A 46 bis zum Ende der Autobahn bei Bestwig, B 480 bis Assinghausen, kleine Parkmöglichkeit an der Kirche St. Katharina am Brunnenweg, zu Fuß rechts in Zum Küsterland, bis zum Küsterlandpark, auf dem Kreuzweg vorbei an der Grabeskapelle, rechts, bis zu dem kleinen Stichweg, der nach links zum Strüker Stein führt | **Tipp** Steinig ist es auch auf dem Clemensberg. Am Gipfel kann man sich ins Gipfelbuch eintragen und einen Blick die steilen Felswände hinab in den Diabas-Steinbruch werfen. Einkehr in der Hochheidehütte.

72 Der Alpine Coaster

Bergrodeln mit dem besonderen Kick

Der Geheimtipp unter den Sauerländer Bergrodelbahnen, abseits der bekannten Pisten, wie sie beispielsweise in Winterberg zu finden sind, liegt versteckt, mitten im Wald und außerhalb des Ortes Olsberg-Bruchhausen. Eine lange Straße führt hinein ins Medebachtal, und fast könnte man meinen, hier kommt nichts mehr. Doch dann taucht wie aus dem Nichts der Erlebnisberg Sternrodt auf. Wo im Winter rasante Ski-Abfahrten mit alpinen Verhältnissen, Snowboardpisten, Skiwanderungen und Langlaufloipen auf die Besucher warten, ist es zwischen Ostern und Allerheiligen der Sternrodler, der ein flottes Vergnügen verspricht.

Zunächst werden die Rodler gemütlich in einem Zweier-Bob den Berg hochgezogen. Dabei werden rund 90 Höhenmeter überwunden. Dann heißt es, den Hebel runterdrücken und ab ins Tal flitzen. Sieben Kurven und viele Jumps bieten auf einer Strecke von rund 800 Metern Fahrspaß pur. Mitten im Wald düsen die Bobs durch eine herrliche Naturkulisse, umgeben von Fichten und Buchen. Bis zu fünf Meter kann die Laufhöhe der Bobs betragen, und dazu locken ein paar besonders steile Abschnitte, sodass eine Geschwindigkeit von 45 Stundenkilometern während der Fahrt erreicht werden kann. Für die Sicherheit an Bord sorgen zwei Bremssysteme, Drei-Punkt-Gurte und Fangnetze, sodass Kinder ab zehn Jahren bereits allein fahren dürfen. Zwischen Juli und August wird jeden Freitag Flutlichtrodeln angeboten; auf Wunsch gibt es Sonderöffnungszeiten und die Möglichkeit, hier den Geburtstag der Kinder zu feiern oder ein Betriebsfest zu begehen.

Passend zum Alpine Coaster liegt gleich nebenan ein Berggasthof, der nach der Rodelpartie zur Einkehr lockt. Außerdem gibt es einen Spielplatz, und wer dann noch immer nicht ausgepowert ist, kann von hier aus den Langenberg, Nordrhein-Westfalens höchsten Berg, besteigen. Oben kann man sich ins Gipfelbuch eintragen und in der gemütlichen Hängeschaukel ausruhen.

Adresse Am Medebach 98, 59939 Olsberg-Bruchhausen | Anfahrt A 46 bis zum Ende der Autobahn bei Bestwig; auf B 480 und dem Straßenverlauf bis Assinghausen folgen, hier links und bis Bruchhausen fahren; rechts in Am Medebach und bis zum Ziel | Öffnungszeiten aktuelle Informationen auf www.erlebnisberg-sternrodt.de | Tipp In Bruchhausen befinden sich die Bruchhauser Steine, deren Formation auf dem Hinweg zum Alpine Coaster bereits aufgefallen ist. Ein Besuch mit Aufstieg auf den Feldstein ist ein tolles Erlebnis mit großartigen Ausblicken.

73 Das Café Haltepunkt

Der Genusspunkt mit nostalgischem Charme

Auf einer Anhöhe oberhalb Plettenbergs, genauer gesagt am Hestenberg, versprüht das Café Haltepunkt nostalgischen Charme. Das pittoreske Bauwerk im klassizistischen Stil datiert auf die Jahre 1913/1914. Damals diente es als Stationsgebäude der Bahn-Nebenstrecke von Plettenberg nach Herscheid. Heute ist es denkmalgeschützt und beherbergt ein Café und Restaurant, von dem aus Besucher einen bezaubernden Blick über Plettenberg genießen können.

Das märchenhafte Gebäude mit seinem verschieferten Dach, den weißen Säulen am Eingang sowie den hübschen Sprossenfenstern und dem zartrosafarbenen Anstrich wirkt hier fast ein wenig fehl am Platz. Derartige Bauwerke kennt man eher von den prunkvollen Promenaden der alten Seebäder aus Kaiserzeiten. Wahrscheinlich gerade deshalb ist es so besonders für den Ort und macht einen Ausflug nach Plettenberg lohnenswert. Die Stadt wird gerne auch als Vier-Täler-Stadt bezeichnet, da sie sich über gleich vier Flusstäler ausdehnt, das der Lenne, der Else, der Grüne und der Oester. Das Café Haltepunkt befindet sich im Elsetal, durch das zwischen 1915 und 1969 die heute stillgelegte Bahnlinie nach Herscheid führte. Die Strecke wurde als eingleisige, normalspurige Nebenbahn betrieben und war ursprünglich 16,22 Kilometer lang. Ein kleiner verbliebener Teil der Trasse bei Köbbinghausen wird aktuell noch von der Märkischen Museums-Eisenbahn als Museumsbahnstrecke genutzt. Zwischen Mai und November finden regelmäßige Fahrtage für interessierte Besucher statt. Infos sind auf der Webseite der Sauerländer Kleinbahn zu finden.

Das heutige Café Haltepunkt im ehemaligen Stationsgebäude drückt seine Heimatverbundenheit durch die Verwendung ausschließlich regionaler Lebensmittel und solcher aus eigener Herstellung aus. Die Inhaber haben sich der Fairtrade-Initiative in Plettenberg angeschlossen.

Adresse Haltepunkt 1, 58840 Plettenberg, https://sauerlaender-kleinbahn.de | ÖPNV Buslinien 54, 74, N 7, 254, 272, 274 bis Haltestelle Plettenberg, Herscheider Straße, zu Fuß etwa 850 Meter | Anfahrt A 46 bis Ausfahrt Iserlohn-Oestrich, auf B 236 in Richtung Plettenberg und dem Straßenverlauf folgen, in Eiringhausen auf L 697, rechts auf Marler Weg und kurz danach wieder rechts in Hestenbergstraße, am Hinweisschild zum Café rechts | Öffnungszeiten Di–Sa 9–22 Uhr, So 9–21 Uhr, https://cafe-haltepunkt.de | Tipp Plettenberg unter Tage statt über Tage erleben – das geht im Museumsstollen Bleierzgrube »Neu Glück«.

74 Das Alte Rathaus

Historische Schätzchen mit besonderem Charakter

Interessierte alter und historischer Stadtchroniken kommen in Rüthen vollends auf ihre Kosten. Hinter den prächtigen architektonischen Schmuckstücken der Stadt verbirgt sich eine Vielzahl von Geschichten. Eins der besonderen Prunkstücke ist das historische Rathaus. Erbaut wurde es in den Jahren zwischen 1726 und 1730 nach Plänen des Baumeisters Michael Spanner aus Erwitte. Beim Anblick des barocken Gebäudes würde man wohl nicht vermuten, dass es bereits das dritte Rathaus auf dem früheren alten Marktplatz ist, das zwei Vorgänger aus der Gotik und der Renaissance ersetzt.

Besonders charakteristisch ist die majestätische, doppelläufige Rundtreppe aus Rüthener Grünsandstein, die das Eingangsportal einrahmt. Die zwei Figuren auf dem Portal zeigen zum einen Justitia, die römische Göttin der Gerechtigkeit und Sinnbild für die städtische Gerichtsbarkeit, und zum anderen den heiligen Nikolaus, den Stadtpatron Rüthens. Sie stammen aus dem Jahr 1727. Als besonderes Kleinod wird im Rathaus das ehemalige Bürgermeisterzimmer bezeichnet, das mit ausgesprochen dicken Mauern umbaut ist und in dem früher das Archiv der Stadt untergebracht war, welches die Dokumente enthielt, die die Rüthener Stadtrechte beurkundeten. Heute werden im historischen Rathaus standesamtliche Trauungen, Kulturveranstaltungen und die traditionelle Nikolaussitzung des Rüther Stadtrats abgehalten. Im gleichen Stil erbaut, befindet sich gegenüber dem Rathaus die historische Ratsschänke.

Weitere historische Orte sind das Hachtor, das einzig erhaltene Stadttor aus dem 14. Jahrhundert, ein umfangreicher Teil der alten Stadtmauer, der heute auf einem Rundweg um den historischen Stadtkern besichtigt werden kann, und der Hexenturm. Interessant ist auch der Schubstuhl an der Schneringer Straße, ein hängender Käfig, in dem Übeltäter wie Feld- und Gartendiebe dem Spott der Mitbürger ausgesetzt wurden.

Adresse Hachtorstraße 26, 59602 Rüthen | ÖPNV Buslinien R 62, R 71, R 77, 672–674 bis Haltestelle Rüthen, Markt | Anfahrt A 44, Ausfahrt Erwitte / Anröchte, B 55 Richtung Warstein, in Belecke links auf B 516 Richtung Rüthen, links über Schneringer Straße nach Rüthen hoch, der Straßenverlauf führt am Rathaus vorbei, Parkmöglichkeiten am Straßenrand | Öffnungszeiten Infos zum Rundgang auf www.tourismus-ruethen.de, Tel. 02952/818172 oder -173 | Tipp Nicht weit entfernt von Rüthen befindet sich im Ortsteil Kneblinghausen ein altes Römerlager, um dessen Entstehung es auch heute noch das ein oder andere Rätsel zu lösen gibt.

75 Der Hexenturm

Vom Folterkeller zum Symbol für Menschenrechte

Der Hexenturm, ehemals Allager Turm genannt, ist der letzte vollständig erhaltene Wehrturm der Rüther Stadtbefestigungsanlagen und stammt noch aus Zeiten des Mittelalters. Blickt man von der Wiese unterhalb des halbrunden Turms auf das heute bezaubernd erscheinende Gemäuer mit seinem aparten Spitzdach, möchte man nicht glauben, welche Gräuel sich hier im 16. und 17. Jahrhundert abgespielt haben. Doch auch Rüthen galt als eine der Hochburgen der Verfolgung von vermeintlichen Hexen und Zauberern. Über 60 Prozesse sind hier aktenkundig geworden. Die Beschuldigten wurden im Hexenturm eingekerkert und schmerzhaft gefoltert. Fast alle Prozesse endeten mit der Todesstrafe; die zu Unrecht Verurteilten wurden enthauptet und schließlich auf dem Scheiterhaufen verbrannt.

An der Mauer des Hexenturms erinnert heute ein Bronzerelief von Bert Gerresheim aus Düsseldorf an diese dunklen Zeiten. Es gedenkt zum einen der verfolgten Menschen, aber auch derjenigen wenigen, die damals schon mutig gegen die Hexenprozesse vorgegangen sind, um die Unschuldigen zu schützen. Dazu zählten die Geistlichen Friedrich Spee und Michael Stapirius aus Rüthen.

Im Jahr 2011 war Rüthen die erste Stadt in Nordrhein-Westfalen, deren Stadtrat auf der Grundlage von Anträgen aus der Bürgerschaft die sozialethische Rehabilitation der Frauen, Männer und Kinder beschloss, die im Rahmen der Hexenprozesse unrechtmäßig zu Tode verurteilt wurden. Insgesamt 167 namentlich bekannt gewordene und hingerichtete Opfer im heutigen Bereich der Stadt Rüthen wurden am 31. März 2011 öffentlich im Sinne der Menschenrechte rehabilitiert. Damit wurden ihnen ihre Würde und Ehre zurückgegeben.

Im Rahmen einer Stadtführung durch Rüthen ist eine Besichtigung des Turminneren möglich, in dem eine Ausstellung und einige Folterwerkzeuge der damaligen Zeit gezeigt werden.

Adresse Seilerweg, 59602 Rüthen | **ÖPNV** Buslinien R 62, R 71, R 77, 672–674 bis Haltestelle Rüthen, Markt | **Anfahrt** A 44, Ausfahrt Erwitte / Anröchte, B 55 Richtung Warstein, in Belecke links auf B 516 Richtung Rüthen, links über Schneringer Straße nach Rüthen hoch und dem Straßenverlauf bis Niedere Straße folgen, dort links und bis zur Ritterstraße, am Straßenrand befinden sich Parkplätze, noch wenige Meter zu Fuß | **Öffnungszeiten** im Rahmen einer Stadtführung; Info: www.tourismus-ruethen.de, Tel. 02952/818172 oder -173 | **Tipp** Neben dem Hexenturm gibt es in Rüthen noch einen deutlich höheren Turm, von dessen Aussichtsplattform sich ein besonders schöner Ausblick ins Möhnetal bietet. Dabei handelt es sich um den Rüthener Wasserturm, der imposant aus der Oberstadt herausragt.

76 Der Hohle Stein

Mini-Abenteuer für Höhlenforscher und Gipfelsieger

Rund um die Höhle »Hohler Stein« in der Nähe von Rüthen-Kallenhardt ranken sich eine Vielzahl von Sagen und Geschichten. Archäologische Ausgrabungen haben nachgewiesen, dass sich schon in der Altsteinzeit Menschen in der Höhle aufhielten und sie als Jagdquartier benutzten. Um 750 vor Christus diente die Höhle als Begräbnisplatz und im Dreißigjährigen Krieg als Unterschlupf von Falschmünzern. Auch ein Zusammenhang mit der Nibelungensage wird ihr angetragen, ist aber nicht belegt. Die Höhle ist frei zugänglich. Oben auf dem großen Felsen befindet sich ein Gipfelkreuz.

Der Hohle Stein bietet ein Mini-Abenteuer für Höhlenforscher und Gipfelstürmer, denn nach der Erkundung des Höhleninneren gelangt man über einen kleinen Pfad hinauf auf das Dach der Höhle. Ein bisschen Kraxeln und schon wird man oben mit einem herrlichen Ausblick ins Lörmecketal belohnt.

Die Höhle entstand im Laufe vieler Millionen Jahre durch Ausspülungen der Nebenläufe der Lörmecke. Belegt ist sogar, dass zum Ende der Eiszeit Rentiere das Gebiet um die Höhle beweideten, die im Frühjahr aus der Tiefebene auf höher gelegene Sommerweiden des Sauerlands zogen. Die Rentierjäger hatten in dem engen Taleinschnitt zur Zeit des Frühjahrszugs dann leichte Beute. Dazu gibt die Höhle bis zum heutigen Tage einige Rätsel auf, denn verschiedene Ausgrabungsfunde konnten nicht identifiziert werden, weshalb man sich geheimnisvolle Sagen und Mythen über sie erzählt. Eine Legende rankt sich um einen lebendig eingemauerten Toten, der in der Höhle gefunden wurde. Handelt es sich bei ihm um den bösen König Attala, dem ein Zwölfjähriger weismachen wollte, in der Höhle befinde sich ein Schatz, um ihn dann dort einzuschließen und den Tod seines Vaters zu rächen? Oder ist es ein ehemaliger Hexenrichter aus Rüthen gewesen, der in die Höhle verbannt wurde? Es bleibt ein Rätsel.

Adresse Wanderparkplatz Hohler Stein, 59602 Rüthen-Kallenhardt | Anfahrt A 44, Ausfahrt Erwitte / Anröchte, B 55 Richtung Warstein, in Belecke links auf B 516 Richtung Rüthen, vor Rüthen rechts in L 735 nach Kallenhardt, im Ort dem Verlauf der Hauptstraße und anschließend den Wegweisern zum Wanderparkplatz Höhle Hohler Stein folgen, zu Fuß 400 Meter | Öffnungszeiten immer | Tipp Noch mehr Höhlenforscherdrang kann man im Warsteiner Bilsteintal nachgehen. Hier befinden sich eine Tropfsteinhöhle sowie ein sehenswerter Wildpark (www.bilsteintal.de).

77__Schloss Körtlinghausen

Das »heiligste« Plumpsklo des Sauerlands

In herrlicher Alleinlage, umgeben von Wald und Wiesen, liegt das Schloss Körtlinghausen, eingebettet in eine malerische Kulisse. Das herrschaftliche Haupthaus mit seinen Nebengebäuden thront zentral auf einer Insel, um die ein breiter Wassergraben verläuft. Gänse und Enten ziehen schnatternd ihre Bahnen auf dem Gewässer oder liegen im Sonnenschein an den Ufern. Wie ein Gemälde wirkt das prachtvolle Ensemble.

Seine Ursprünge reichen bis ins Jahr 1398 zurück, in dem erstmals an dieser Stelle eine Burganlage erwähnt wurde. 1645 übernahm die Familie von Franz Otto Freiherr von und zu Weichs das Anwesen und begann 1714 mit der Errichtung des heutigen Schlosses. Durch viel Arbeit und Engagement erlangte der Freiherr von Weichs ein stattliches Vermögen, er zählte zur westfälischen Ritterschaft und war als einflussreicher Mann in Westfalen angesehen. Heute befindet sich das einstige Rittergut im Besitz der Freiherren von Fürstenberg und wird als Eventlocation für Feiern und Tagungen vermietet. Auch für Filmdreharbeiten kann es genutzt werden.

Was jedoch kaum einer weiß, ist, dass in einiger Entfernung zum Schloss ein Heiligenhäuschen steht, dessen Zweck früher ein ganz anderer war. Eigentlich diente das gemauerte Häuschen nämlich in längst vergangenen Zeiten dem Schlossgärtner als stilles Örtchen, damit er während seiner Arbeit auf den weitläufigen Flächen nicht immer bis zum Schloss zurückmusste, um zur Toilette zu gehen. Nun kommt es dem heiligen Antonius zugute, der seinen Platz in dem schützenden Gemäuer gefunden hat. Somit dürfte es sich bei diesem Ort wohl um das heiligste Plumpsklo des Sauerlands handeln. Um dem Örtchen einen Besuch abzustatten, begibt man sich am besten auf die knapp zehn Kilometer lange Schlossroute in und um Kallenhardt, die an der St.-Clemens-Kirche in der Ortsmitte startet und auch hierhin wieder zurückführt. Auf diesem Wege hat man dann gleichzeitig auch noch eine schöne Wanderung gemacht.

Adresse Körtlinghausen 5, 59602 Rüthen-Kallenhardt, Parkplatz: Kirchstraße 15A | ÖPNV Buslinie R77 bis Haltestelle Kallenhardt Ort, zu Fuß zur Kirche und zum Startpunkt der Schlossroute | Anfahrt A44, Ausfahrt Erwitte/Anröchte, B55 Richtung Warstein, in Belecke links auf B516 Richtung Rüthen, vor Rüthen rechts in L735 nach Kallenhardt, dort links in Kirchstraße, Parkplätze vor der Kirche, Wanderweg »Schloss-Route« Kallenhardt | Öffnungszeiten nur von außen zu besichtigen | Tipp In Kallenhardt sehenswert ist auch die Sauerländer Edelbrennerei, die neben dem Verkauf ihrer handverlesenen Produkte Brennereibesichtigungen und Tastings anbietet (https://sauerlaender-edelbrennerei.de).

78_Das Wildgehege Mesekendahl

Pelzigen Sauerländern in die Kulleraugen sehen

Es wuselt, grunzt, schmatzt und schnuffelt im Wildtiergehege Mesekendahl. Während es die einen geruhsam angehen und majestätisch über die Weide stolzieren, machen andere keinen Hehl aus ihrer Herkunft und lieben es, sich im Dreck zu suhlen. Das stolze Reh und das wilde Schwein könnten nicht unterschiedlicher sein. Dagegen bestechen die hübschen Kulleraugen der Waschbären, das neugierige Treiben der Frettchen oder die Schnuffelnäschen der Kaninchen mit ihrem Niedlichkeitsfaktor. Hier in dem kleinen Wildpark ist so einiges los.

Umgeben von Wald und Wiesen leben rund 120 Tiere aus 15 Tierarten. Freche Ziegen, imposantes Rot- und Damwild, borstiges Schwarzwild, possierliche Frettchen, Kaninchen und Meerschweinchen, bunte Fasane, blökende Jakob- und Kamerunschafe, gemütliche Esel, drollig blickende Wasch- und Nasenbären, eindrucksvolle Wisente und schlaue Füchse zählen dazu. Liebevoll gehegt und gepflegt werden die Tiere von der Familie Trimpop, und das bereits seit 1965. In diesem Jahr begann Fritz Trimpop mit der Umsetzung seines Traums vom eigenen Wildtiergehege. Freunde unterstützten ihn beim Aufstellen der Zäune und der Errichtung der ersten Freigehege. Mit drei Rotwildhirschen begann die Geschichte des Wildtiergeheges, denen zunächst peu à peu einheimische Wildtiere wie Dam- und Schwarzwild folgten, zu welchen sich später auch Haustiere gesellten.

Heute ist das Wildgehege Mesekendahl ein schönes Ausflugsziel für Familien. Neben Kindergeburtstagen können hier auch Firmenevents ausgerichtet werden. Sogar Planwagenfahrten sind möglich. So lassen sich die Tiere auf vielfältige Art und Weise entdecken. Es gibt einen Gastraum, in dem Kaffee und Kuchen angeboten werden, ebenso warme Speisen vom Grill wie Bratwurst oder Nackensteaks. Süßes und Eis für die Kinder und Futter für die Tiere gibt es am Kiosk.

Adresse Mesekendahl 1, 58579 Schalksmühle | ÖPNV Buslinien 49 und 89 bis Haltestelle Schalksmühle, Wersbecke, zu Fuß noch über einen Kilometer | Anfahrt A 45, Ausfahrt Hagen-Süd, parallel der Autobahn immer Richtung Lüdenscheid, in Wersbecke links zum Wildgehege | Öffnungszeiten Mi–Fr 13–18 Uhr, Sa, So und Feiertage 10–18 Uhr, www.wildgehege-mesekendahl.de | Tipp Nach dem Besuch des Wildgeheges geht es weiter nach Lüdenscheid zur Phänomenta. Das Erlebnismuseum mit interaktiven Experimentierstationen ist für Groß und Klein gleichermaßen interessant (www.phaenomenta-luedenscheid.de).

79__Das Falke Factory Outlet

Weltbekannte Tradition aus dem Sauerland

Schmallenberg blickt auf eine lange Tradition der Verarbeitung von Wolle zurück. Bereits 1416 siedelten sich in der Umgebung die ersten Betriebe an, die Stoffe, die aus Wolle einheimischer Schafe in Heimarbeit gesponnen und hergestellt wurden, weiterverarbeiteten. Im Jahr 1800 nahm die Produktion von Wollstrümpfen zu, es folgten Jacken und Schals. 1850 wurden die ersten Spinnereien gegründet, 1868 entstanden die ersten Strickereien.

Im Jahr 1895 entschied sich auch der gelernte Dachdecker und Stricker Franz Falke, in das Geschäft einzusteigen, und machte sich mit zehn Strickmaschinen selbstständig. Damit begann der Aufstieg des Unternehmens. Durch Hinzukäufe anderer Unternehmen wie der Woll- und Haargarnspinnerei Carl Meisenburg im Jahr 1828 sowie der Strickwarenfabrik Salomon Stern 1939, beide auch aus Schmallenberg, expandierte Falke geschickt. 1958 begann das Geschäft mit den Feinstumpfhosen durch die Übernahme der Feinstrumpfwerke Uhli. 1997 wurde die Leinefelder Textilwerke GmbH aus Thüringen gekauft und 2008 die Marke Burlington. Dadurch konnte sich Falke bis zum heutigen Tage erfolgreich am Markt behaupten und verkauft seine Produkte mittlerweile weltweit auf allen Kontinenten und in 60 Ländern. Längst befinden sich nicht nur die klassischen Strümpfe im Sortiment, sondern auch hochwertige Damen- und Herrenbekleidung. Zudem fungiert Falke als Komplettanbieter funktioneller Sportbekleidung.

Seiner Heimatstadt Schmallenberg ist das Familienunternehmen immer treu geblieben. Neben Falke Stores in den großen deutschen Städten Berlin, Düsseldorf, Frankfurt und Co. sowie in den Nachbarländern Schweiz, Niederlande und Belgien gibt es auch zwei Werksverkäufe, in denen Falke-Produkte zu erwerben sind. Einer davon ist, wie könnte es anders sein, ganz der Tradition verpflichtet, in der Falke-Heimat Schmallenberg. Hier kann man nach Lust und Laune dem Einkaufserlebnis nachgehen.

Adresse Ohlgasse 5, 57392 Schmallenberg | ÖPNV Buslinien S 40, 461, 463, 466, 469, 472, SB 9 bis Haltestelle Schmallenberg, Kirche, zu Fuß ortsauswärts etwa 550 Meter | Anfahrt A 46, Ausfahrt Wennemen, Beschilderung nach Schmallenberg folgen, im Ort von Obringhauser Straße links in Wormbacher Straße, Kreisverkehr an der 1. Ausfahrt verlassen in Oststraße und dieser ortsauswärts folgen, links in Unterm Werth und gleich rechts in Ohlgasse | Öffnungszeiten Mo – Fr 10 – 18 Uhr, Sa 9 – 16 Uhr | Tipp Zum gemütlichen Einkaufsbummel lädt die historische Altstadt Schmallenbergs ein. In der Ost- und Weststraße befindet sich eine Vielzahl kleiner, inhabergeführter Geschäfte mit allerlei zum Stöbern.

80 Der Schindergraben

Sprechende Straßennamen erzählen Ortsgeschichte

In Schmallenberg erzählen die Straßennamen Ortsgeschichte. Entlang der Straße »Auf der Mauer« markieren markante Kanaldeckel den Verlauf der einstigen Stadtmauer im Mittelalter. Im Haus des städtischen Wasenmeisters Nummer 16 wohnte früher der »Schinder«. Er war für die Tierkörperbeseitigung zuständig. Dieser entledigte er sich im sogenannten »Schindergraben« unterhalb der Stadtmauer. Dieser verläuft von der Kapelle auf dem Werth als schmaler Fußweg den Hang hinab und führt direkt auf die Straße »Unter der Stadtmauer« zu. Die kleine Kapelle wurde als Gedenkstätte für die im Krieg gefallenen Menschen im Jahr 1961 erbaut.

Zwischen der Straße »Auf der Mauer« und dem Zehnthofweg verläuft die Verbindung »Zum Feuerkump«. Hier befand sich früher einer der Feuerlöschteiche, die nach dem großen Brand im Jahr 1822 in Schmallenberg angelegt wurden, daher auch der Name dieses Weges. In der Synagogenstraße befand sich bis zum 9. November 1938, der Reichspogromnacht, die Schmallenberger Synagoge. Wie fast alle Synagogen in Deutschland wurde sie abgebrannt, die 36 jüdischen Bewohner der Stadt wurden verschleppt und ermordet.

Doch bei einem Rundgang durch die historische Altstadt Schmallenbergs fallen nicht nur die sprechenden Straßennamen auf, auch besonders architektonisch wertvolle Fachwerkhäuser ziehen die Blicke auf sich, genauso wie Inschriften an Gebäuden und Kunstwerke. Vor der Stadthalle befindet sich die Geschichtssäule, die die Geschehnisse der Stadtgeschichte darstellt. Dort wo heute das Haus in der Weststraße 23 steht, war im Mittelalter der Standort eines der drei Schmallenberger Stadttore. Am Ende der Straße sitzt die Figur eines dicken Mannes an einem Tisch und isst Brei. Sie erinnert an die Lebensmittelknappheit nach dem Brand in der Stadt, als die Menschen sich in ihrer Not nur von Brei ernähren konnten. All diese Entdeckungen machen die Schmallenberger Geschichte wieder lebendig.

Adresse Poststraße, 57392 Schmallenberg | **ÖPNV** Buslinien S 40, 461, 463, 466, 469, 472, SB 9 bis Haltestelle Schmallenberg, Schützenplatz, von hier zum Startpunkt des historischen Rundwegs | **Anfahrt** A 46, Ausfahrt Wennemen, Beschilderung nach Schmallenberg folgen, im Ort von Obringhauser Straße links in Wormbacher Straße, Kreisverkehr an der 1. Ausfahrt verlassen in Oststraße, nächste rechts in Weststraße, rechts in Paul-Falke-Platz und rechts in Poststraße bis zum Parkplatz | **Öffnungszeiten** Infos zum Stadtrundgang unter www.schmallenberger-sauerland.de | **Tipp** Wer nach dem Stadtrundgang noch das »blaue Wunder« erleben möchte, begibt sich in den Kurpark. Das Wahrzeichen der Anlage, gleichzeitig auch für den Waldskulpturenpfad und das Kunsthaus in Schmallenberg, sitzt dort auf einem roten Pfahl.

81 Der Friedensplatz

Wo Schalke 04 und der BVB sich vereinen

Ob zwischen diesen beiden Ruhrgebiets-Vereinen beziehungsweise den Fans jemals Frieden herrscht, werden wir vielleicht nie erfahren. In Schmallenberg-Berghausen jedoch versucht der Friedensplatz, mit dem Logo der beiden Vereine für Einigkeit zu sorgen. An einem Tisch und zwei Bänken können die Rivalen immerhin gemeinsam Platz nehmen. Dieser Treffpunkt ist bisher auf keiner Karte verzeichnet und somit wohl eher ein Geheimtipp für Fans beider Vereine, die unerkannt bleiben möchten. Das Schild mit den Vereinslogos und der Beschriftung »Friedensplatz« befindet sich vermutlich auch aus diesem Grund recht unspektakulär an einer Baumstütze. Zwei kleine, lustige Froschfiguren in der jeweiligen Vereinstracht sitzen on top.

Was heute kaum vorstellbar ist – die beiden Vereine aus dem Ruhrgebiet waren einmal befreundet. Doch das reicht lange zurück bis in die Zeit vor dem Zweiten Weltkrieg. Damals war Schalke die unangefochtene Nummer eins in der Region, zu der die Dortmunder ehrfürchtig aufblickten. Sogar Rat holte man sich von den Freunden, die den BVB unterstützten und ihm bis zum Aufstieg in die Erste Liga verhalfen. Während die Schalker im Jahr 1940 mit einem 10:0 ihren jemals höchsten Sieg über den BVB erzielten, sollte sich drei Jahre später das Blatt deutlich wenden und den Freund zum Rivalen machen. Doch letztlich liegt der Ursprung allen Übels wohl in der Geburtsstunde des heutigen Revierderbys ein paar Jahre später im Jahr 1947. Im Endspiel zur Westfalen-Meisterschaft schießt der BVB fast in letzter Sekunde das 3:2 und wird damit zu einem ernst zu nehmenden Konkurrenten.

Seitdem liefern sich die Vereine mitunter spektakuläre Derbys, die zwischen den Fans bereits zu prekären Situationen geführt haben. Es sollte wohl ein paar mehr solcher Friedensplätze wie in Berghausen geben, um die Fans friedvoll an einen Tisch zu bringen. Vielleicht nehmen sich jetzt ein paar Fans ein Beispiel daran.

Adresse Berghausen, 57392 Schmallenberg-Berghausen | ÖPNV Buslinien 345, 443, 468 Richtung Dorlar bis Haltestelle Berghausen, Unterdorf | Anfahrt A 46, Ausfahrt Wennemen, Richtung Freienohl, links über die Ruhr, der Straße in einem Linksknick folgen bis hinter Wenholthausen, an B 55 rechts bis Bremke, rechts auf B 511 und diese in Heiminghausen nach rechts verlassen | Öffnungszeiten jederzeit frei zugänglich | Tipp Sich selbst sportlich auszutoben, statt anderen dabei zuzusehen, das geht in der Freizeitwelt Sauerland in Schmallenberg. Hier stehen Klettern, Trampolin springen und mehr auf dem Programm (www.freizeitwelt-sauerland.de).

82__Das Bustaurant

Foodtrucks waren gestern – Essen im Linienbus

Foodtrucks waren gestern, jetzt kommt das Bustaurant. Es ist das erste seiner Art im Sauerland und parkt präsent im Ortskern von Schmallenberg-Bracht. Kaum ein Weg führt daran vorbei, denn da, wo die Hauptstraßen im Ort zusammenlaufen, genau da ist sein unübersehbarer Standort. Hier wird gebrutzelt und gebacken, und wer im Bustaurant Platz nimmt, kann dem geschäftigen Treiben in der Küche zusehen.

Wie der Name schon verrät, befindet sich das Restaurant in einem ehemaligen Bus, der zuletzt als Schulbus genutzt wurde, frisch vom TÜV kam, um dann ausgemustert zu werden. Dies nahmen Ewelina und ihr Mann Dariusz zum Anlass, sich ihren Traum von der Selbstständigkeit in der Gastronomie zu erfüllen und das Bustaurant zu erschaffen. Mitten in der Coronapandemie, am 19. September 2020, wurde Eröffnung gefeiert, trotz einiger Bedenken der kritischen Sauerländer.

Im vorderen Bereich des Busses befinden sich die Küche und ein Schalter, an dem die Bestellungen entgegengenommen werden, wie man es von den Foodtrucks kennt. Das Besondere am Bustaurant ist jedoch, dass die im Bus verbliebenen Sitzplätze um Tische ergänzt wurden, sodass wie in einem normalen Restaurant gespeist werden kann. Liebevolle Deko sorgt dafür, dass der einstige Linienbus mit seinem geschmackvollen Interieur zu einem gemütlichen Plätzchen wird.

Auf der Speisekarte stehen leckere Pizzas, würzige Burger, knusprige Schnitzel, Würstchen, Pommes und frische Salate, die im Sommer auch auf der umliegenden Terrasse verzehrt werden können. Wer einmal einen außergewöhnlichen Ort zum Speisen sucht, der wird hier fündig. Sogar lustige Kindergeburtstage können hier gefeiert werden. Durch die perfekte Lage ist das Bustaurant der ideale Zwischenstopp für Motorradfahrer. E-Biker können hier während der Pause nicht nur Energie auftanken, sondern auch Strom nachladen.

Adresse Gleierstraße 1, 57392 Schmallenberg-Bracht | ÖPNV Buslinie 476 bis Haltestelle Schmallenberg, Bracht | Anfahrt A 46, Ausfahrt Wennemen, Richtung Freienohl, links auf Freienohler Straße und dem Verlauf bis Eslohe folgen, über B 55 durch den Ort und weiter bis Cobbenrode, hier links auf Zur Vossel und bis Schmallenberg-Bracht | Öffnungszeiten Mi–Fr 11–14 und 17–21 Uhr, Sa 15–21 Uhr, So 12–21 Uhr, https://das-bustaurant.eatbu.com | Tipp Nach dem Essen sollst du ruhen … sagt ein Sprichwort. Nicht weit entfernt kann man das auf recht entschleunigende Art und Weise auf dem Bauernhof Keppel (https://hof-keppel.de).

83 Der Goldstein

Wo Irrlichter, Hexen und Teufel tanzen

Manche Ortsnamen im Sauerland geben Anlass zum Stirnrunzeln – so auch Hundesossen. So manche Sage rankt sich um diesen Ort. Am Dorfrand steht der Goldstein, um den sich gleich zwei Sagen drehen und dem sogar eine Ballade gewidmet ist. Irrlichter, Hexen und Teufel tummeln sich hier besonders gerne.

Der eigentliche Goldstein lag von dem heutigen etwa 700 Meter entfernt in westlicher Richtung. Allerdings wurde er im Jahr 1885 gesprengt, weil er sich auf einem Acker befand und den Bauern beim Pflügen störte. Mit Pferden konnte man ihn nicht zur Seite ziehen, und Bagger gab es noch nicht, weshalb man die Sprengung im Zuge des Baus der Eisenbahnstrecke durchführte. Die Einzelteile des alten Goldsteins fanden anschließend Verwendung als Straßenschotter. Es wird vermutet, dass es sich bei dem Goldstein einst um eine keltische Opfer- und Hinrichtungsstätte gehandelt hat, weil sowohl die Form als auch die eingebrachten Vertiefungen darauf hindeuteten.

Wer vor dem heutigen Goldstein steht, fühlt sich merkwürdig beobachtet von dem Abbild des Teufels, um den sich die Sage rankt. So wird erzählt, dass zwischen dem Teufel und einer Hexe während der Walpurgisnacht nach dem Konsum von reichlich Met ein Wettstreit entbrannte. Die Hexe forderte den Teufel zu einer Mutprobe heraus. Der Höllenfürst sollte auf den nächsten Berg springen, doch stattdessen schlug er auf dem Goldstein auf und hinterließ einen gewaltigen Abdruck. Damit verlor er seinen Goldschatz an die Hexe. Wutentbrannt verfluchte er den Schatz und verbannte ihn unter den Goldstein. Eine Ballade besingt die Legende und die Mystik der Umgebung. Es gab Zeiten, da geschahen mitunter unheimliche Dinge in dem Ort, der früher nur fußläufig oder mit dem Pferd erreichbar war. Das Aufsteigen von Faulgasen aus der morastigen Uferlandschaft der Lenne gaukelte den Einwohnern Irrlichter und verlorene Seelen vor. Ob es heute noch verlorene Seelen im Ort gibt, muss man selbst erkunden.

Adresse Hammerweg, 57392 Schmallenberg-Hundesossen | **ÖPNV** Buslinien 472 und SB 9 bis Haltestelle Hundesossen, über den Hammerweg zu Fuß über die Lennebrücke bis zum Goldstein | **Anfahrt** A 46 bis Ausfahrt Wennemen, abbiegen Richtung Schmallenberg, in Frielinghausen rechts Richtung Werpe und weiter rechts bis zur B 236, rechts abbiegen bis Hundesossen | **Tipp** Weniger teuflisch, dafür göttlich geht es nicht weit entfernt im Bibelgarten in Lenne zu. Ein Rastplatz lädt zum Verweilen ein und verschiedene Bibelsprüche auf Tafeln inmitten von Blumen, Kräutern und Pflanzen zum Sinnieren.

84 Die Antonius-Eiche

Einer der ältesten Bäume Deutschlands

Einer der ältesten Bäume Deutschlands steht im Schmallenberger Sauerland – die Antonius-Eiche von Kirchilpe. Schon von Weitem beeindrucken ihr enorm dicker Stamm und die ausladende Krone. Etwa 19 Meter wächst die Stieleiche hoch in den Himmel. Obwohl sie gerne als tausendjährige Eiche betitelt wird, liegt ihr wahres Alter wohl eher bei etwa 300 Jahren. Könnte sie erzählen, was sie über die Jahrhunderte gesehen und erlebt hat, es würde Bücher füllen. Ihr Stammumfang beträgt über sechs Meter. Da hat die geschnitzte Figur des heiligen Antonius, die daran befestigt ist und der Eiche ihren Namen verlieh, viel Platz.

Im Winter mag sie im Halbdunkeln gruselig aussehen. Von ihrem dicken Stamm gehen etliche große Äste und zahlreiche winzige Zweige ab, die sich in alle Richtungen verzweigen und ein urtümliches Bild abgeben. Doch wenn das Frühjahr kommt und den Baum zu neuem Leben erweckt, dann strahlt er in frischem Grün und ist eine imposante Erscheinung.

Dabei hat die Antonius-Eiche im Laufe ihres Lebens schon viel mitgemacht. Bis 1900 führte die Gemeindestraße auf der anderen Seite der Eiche entlang, bevor sie verlegt wurde. Bei den Bauarbeiten wurden große Teile der Wurzel verletzt. Zu dieser Zeit wurde auch eine Öffnung im Stamm erkannt. 1960 war diese so groß, dass der Hohlraum verfüllt werden sollte. Doch der Versuch mit sechs Kubikmetern Spezialbeton und Dehnungsfugen scheiterte. Der Beton trocknete nicht wie vorgesehen, sondern sorgte dafür, dass Wasser in den Stamm eindrang und dieser weiter verfaulte. Daraufhin wurde der Beton wieder entfernt und der Hohlraum belassen. Die Eiche schaffte es aus eigener Kraft, sich zu erholen, und Millimeter für Millimeter wächst der Hohlraum von der Seite wieder zu. Derzeit ist die Öffnung auf der Rückseite des Baumes aber immer noch um die drei Meter hoch, was der Vitalität des Baumes allerdings keinen Abbruch tut.

Adresse 700 Meter südwestlich von 57392 Schmallenberg-Kirchilpe, Koordinaten: 51.234609, 8.249733 | **ÖPNV** Buslinie 471 bis Haltestelle Dorlar, Abzweig Twismecke, zu Fuß Richtung Kirchilpe | **Anfahrt** A 46 bis Ausfahrt Meschede-Enste und der Beschilderung vorbei am Hennesee folgen, in Reiste links bis Kirchilpe, weiter Richtung Nierentrop, der Baum steht etwa 750 Meter nach dem Ort an der linken Straßenseite | **Tipp** Wenige Autominuten entfernt befindet sich in Dorlar der Walderlebnispfad. Auf einer kurzweiligen Strecke von 2,5 Kilometern lässt sich an neun Stationen die Natur mit allen Sinnen entdecken.

85__Die Hängebrücke

In luftigen Höhen durch den Wald

Umschlungen von Wald schwebt die Hängebrücke Kühhude mit einer Länge von 40 Metern über einer kleinen Schlucht. Ihre natürliche Bauweise aus dicken Holzbohlen und festen Tauen passt sich ganz ursprünglich in das Landschaftsbild ein. Im Gegensatz zu den riesigen und modernen Hängebrückenkonstruktionen aus Metall, die wir andernorts in Deutschland finden, wirkt sie tatsächlich noch wie eine richtige Hängebrücke aus früheren Zeiten.

Rund zwölf Meter tief ist der Taleinschnitt des Hochgelmker Siepen, den die Brücke überspannt. Rundherum wachsen hohe Buchen, eine idyllische Vesperinsel lädt zu einem Picknick ein und ein großes Insektenhotel zum Staunen. So lässt es sich hier angenehm verweilen und das ein oder andere spektakuläre Foto machen. Die vierte der insgesamt acht Etappen des 154,7 Kilometer langen Rothaarsteigs – genauer gesagt die Bergvariante zwischen Schanze und dem Rhein-Weser-Turm – führt unmittelbar an der Brücke vorbei, aber nicht darüber. Grundsätzlich ist der Standort der Hängebrücke so gewählt, dass Wanderer sie überqueren können, es aber nicht müssen. Der reguläre Wanderweg verläuft in einem kleinen Bogen daran vorbei.

Der Weg hierher lässt sich bestens mit einer Wanderung auf einem Teilstück des Waldskulpturenwegs kombinieren. In der Nähe befindet sich die 7,5 Meter hohe Skulptur »Der Krummstab«, die 64 Tonnen schwere Stahlskulptur »Kein leichtes Spiel«, der wuchtige 150-Tonnen-Felsquader »Stein-Zeit-Mensch« sowie der »Verschollene Falke«, der eigentlich nur aus der Vogelperspektive richtig zu erkennen ist. So gibt es in dem Wald rund um Kühhude viel zu entdecken, was die Wanderung zu einem kleinen Micro-Abenteuer werden lässt. Mit etwas Glück sind in der Umgebung auch Sichtungen der derzeit hier noch frei lebenden Wisentherde möglich. Bei Begegnungen sollte allerdings immer ein ausreichender Abstand eingehalten werden.

Adresse Parkplatz Wanderportal Kühhude, Homrighäuser Weg, 57319 Bad Berleburg | **Anfahrt** A 46 bis Bestwig oder A 4 bis Krombach, der Beschilderung nach Bad Berleburg folgen, abbiegen in Homrighäuser Weg bis Kühhude, zu Fuß gemäß der Wanderwegweiser bis zur Hängebrücke | **Tipp** Das Besucherareal der Wisent-Wildnis ganz in der Nähe ist ein eindrucksvolles Naturerlebnis, wo die imposanten Tiere in ihrem Lebensraum beobachtet werden können (www.wisent-welt.de/wisent-wildnis).

86 Die Hermann-Kayser-Quelle

O'zapft ist, köstliches Wasser direkt aus dem Berg

Unmittelbar an der Zufahrtstraße von Fleckenberg in Richtung Latrop befindet sich die Hermann-Kayser-Quelle. Aus drei Hähnen sprudelt hier fortwährend frisches Quellwasser, und nicht selten parken die Bewohner der Umgebung direkt davor, um ihre Wasservorräte aufzufüllen. Auch für Wanderer ist die Quelle ein belebender Genuss. Ihr Name ist auf Hermann Kayser zurückzuführen, der als »Vater der ersten Waldkalkung« bekannt geworden ist.

Waldkalkungen werden zum Schutz des Waldes vorgenommen. Sie dienen dazu, die Versäuerung des Bodens durch Säure- und Stickstoffeinträge aus der Luft, die sich über die Jahrzehnte dort angesammelt haben, zu heilen. Dies geschieht mit Hilfe von kohlensäurehaltigem Magnesiumkalk (Naturkalk), der die Säure neutralisiert und den pH-Wert des Bodens anhebt; er wirkt wie ein Vitamin für den Waldboden. Dieser Magnesiumkalk wird entweder auf dem Luftweg durch Flugzeuge verstreut oder mittels entsprechender Gerätschaften vom Waldweg eingeblasen. Für Menschen und Tiere ist der Kalk unbedenklich.

Das Wasser der Hermann-Kayser-Quelle fließt in die Latrop, mit ihr in Fleckenberg in die Lenne und anschließend bei Hagen in die Ruhr. Das saubere Quellwasser hat eine durchschnittliche Temperatur von 10,6 Grad Celsius. Etwa zehn Liter pro Minute fließen aus den Hähnen an der Quellfassung. Es hat einen erfrischenden Geschmack, weshalb es von den Einheimischen sogar kistenweise abgezapft wird. Wer an der Quelle vorbeikommt, sollte sich also ruhig ein paar Flaschen des natürlichen Erfrischungsgetränks mitnehmen. Eine kleine Parkbucht befindet sich direkt davor; wer allerdings zu schnell vorbeifährt, kann die Quelle auch gut und gerne übersehen. Deshalb ist sie Ortsunkundigen eher unbekannt, obwohl sie direkt am Straßenrand liegt. O'zapft ist hier übrigens 24 Stunden am Tag.

Adresse Latroper Straße, 57392 Schmallenberg-Latrop | ÖPNV Buslinie 466 bis Haltestelle Latrop, Kohle, zu Fuß an der Straße 550 Meter zurück bis zur Quelle | Anfahrt A 46 bis Ausfahrt Wennemen und in Richtung Schmallenberg fahren, weiter bis Fleckenberg und hier links abbiegen in die Latroper Straße | Tipp In Latrop ist das Waldarbeitermuseum in der Alten Mühle sehenswert. Dazu gibt es im Park ein Fußerlebnisbecken und einen Kinderspielplatz.

87__Die Alte Poststraße

Die längste Theke des Sauerlands

Die längste Theke des Sauerlands und das B(i)ermuda-Dreieck befinden sich, nach Meinung der Ortsansässigen, in der beschaulichen Ortschaft Oberkirchen. Auf 300 Metern entlang der Alten Poststraße reihen sich mehrere Gastro-Betriebe aneinander, die regionale Küche anbieten und die bekanntesten Sauerländer Biersorten ausschenken. Na dann, prost Mahlzeit.

Erstmals urkundlich erwähnt wurde Oberkirchen am 12. Juli 1244. Der bezaubernde Fachwerkort liegt direkt an der Lenne und glänzt mit einem ganzen Arsenal historisch bedeutsamer Gebäude. Der Schieferhof aus dem Jahr 1749 diente früher der Land- und Gastwirtschaft. Zudem wurde ein Lebensmittel- und Gewürzhandel betrieben. 1890 wurden die ersten Gäste aufgenommen, die sogenannten Sommerfrischler. Bis heute ist das eindrucksvoll verschieferte Gebäude ein Hotel.

Gleich daneben liegt das Gasthaus Lennemühle in der früheren Kornmühle aus dem Jahr 1807. Der Gasthof Droste blickt auf eine 200-jährige Vergangenheit zurück. Er ist immer noch im Familienbesitz, der Chef steht hier selbst am Herd. Das Gebäude ist allerdings deutlich älter, es stammt aus dem Jahr um 1650 und wurde vermutlich von einem Schmied gegründet. Im Zweiten Weltkrieg wurde es jedoch zerstört und erst 1946/47 wieder aufgebaut. Auf der gegenüberliegenden Seite befindet sich die Vogtei. Das ebenfalls im Krieg zerstörte Gebäude wurde 1947 neu errichtet, 1978 entstand hier eine Gaststätte.

Einmal um die Ecke herum, im Eggeweg, liegt das Landhotel Gasthof Schütte. Die Haus steht unter Denkmalschutz und wird sogar auf das Jahr 1460 datiert. 1774 fiel es einem Hausbrand zum Opfer, wurde aber komplett wieder aufgebaut und ist seit 1820 ein Gasthof. Dieser diente einst den Reisenden auf der alten Handelsstraße, der »Heidenstraße« von Köln über Kassel nach Leipzig. Bei all der Auswahl steht in Oberkirchen einer Genusstour nichts entgegen.

Adresse Alte Poststraße, 57392 Schmallenberg-Oberkirchen | **ÖPNV** Buslinien S 40, 461, 462, 463 bis Haltestelle Oberkirchen, Kirche, zu Fuß entlang der Alten Poststraße | **Anfahrt** A 46 bis Ausfahrt Meschede-Enste, der Beschilderung bis Bad Fredeburg folgen, weiter Richtung Schmallenberg, in Gleidorf links auf die B 236, die bis ans Ziel führt | **Tipp** Noch mehr Fachwerkzauber und eine wunderschöne historische Altstadt bietet Bad Berleburg in knapp 19 Kilometer Entfernung. Hier ist heute immer noch die Fürstenfamilie zu Sayn-Wittgenstein-Berleburg ansässig.

88 Der Kerker

Ein Ort mit schicksalhafter Vergangenheit

Das Sauerland ist bekannt für seine gruseligen Geschichten, und auch Oberkirchen kann mit seinem Kerker in der Liga der schicksalsträchtigen Orte mitspielen. Dabei wirkt der hübsche Fachwerkort heute eher lieblich als schaurig. Dennoch finden sich mit dem einstigen Kerker und einem ehemaligen Galgenbaum Zeugnisse seiner dunklen Vergangenheit, als hier noch über Leben und Tod entschieden und Todesurteile vollstreckt wurden.

Von 1594 an bis Anfang des 19. Jahrhunderts verfügte Oberkirchen über das Patrimonalgericht der Freiherren von Fürstenberg, die sich auch als Dynasten von Oberkirchen bezeichneten. Ihre Richtstätte befand sich gleich neben dem Kerker, in der Straße, die auch heute noch Galgenstraße heißt. Das Gerichtsgebäude ist ebenfalls noch vorhanden, allerdings verstarb der letzte Richter bereits 1836, sodass hier heute keiner mehr Angst haben muss. In den Jahren zwischen 1595 und 1685 fanden in Oberkirchen etliche Hexenprozesse statt. Im erschütterndsten Fall wurde sogar ein neunjähriges Mädchen hingerichtet.

Wer über die Steintreppe in den kalten, dunklen und modrigen Kerker hinabsteigt, spürt förmlich den Schrecken der damaligen Zeit. Der Bau wird ins 18. Jahrhundert datiert, allerdings scheint das Deckengewölbe aus Backstein neueren Datums zu sein, da dieses Material in der Region erst im 19. Jahrhundert zur Verfügung stand. Der ursprüngliche Zugang muss auf der Längsseite gelegen haben, denn auch die Treppe und die Tür in der vorderen, schmaleren Seite sind aus neuerer Zeit. Oberkirchen selbst wurde erstmalig im 13. Jahrhundert erwähnt.

Eine weitere schicksalhafte Zeit erlebte der Ort zum Ende des Zweiten Weltkrieges. Am 4. April 1945 wurde Oberkirchen von amerikanischen Truppen besetzt und galt als verloren. Es sollen die härtesten Kämpfe im ganzen Sauerland gewesen sein, bei denen einige der Häuser im Ort abbrannten.

Adresse Galgenstraße, 57392 Schmallenberg-Oberkirchen | ÖPNV Buslinie 461 bis Haltestelle Oberkirchen, Kirche, zu Fuß rechts in Galgenstraße, etwa fünf Minuten, Kerker auf der linken Straßenseite | Anfahrt A 46 bis Ausfahrt Meschede-Enste, Beschilderung bis Bad Fredeburg folgen, weiter Richtung Schmallenberg, in Gleidorf links auf B 236 abbiegen, die bis ans Ziel führt | Öffnungszeiten frei zugänglich | Tipp Die Galgenstätte, an der 1770 die letzte Hinrichtung stattfand, befindet sich oberhalb von Oberkirchen und ist über die Galgenstraße zu erreichen. Der Wanderparkplatz Almert liegt in der Nähe. Von hier aus ist es noch ein kleiner Fußmarsch.

89 Das Klimpermännchen

Es klappert die Mühle am rauschenden Bach

Es klackert, es klimpert, es plätschert und das bereits seit 1977, das sogenannte »Klimpermännchen«. Das Wasser- oder auch Schlamperrad befindet sich nordöstlich von Oberrarbach im Gengenasiepen. Erbaut wurde es von Josef Gierse aus alten Drehmaschinenteilen. Um die Technisierung mittels einer Solaranlage, die die Beleuchtung des Klimpermännches sicherstellte, kümmerte sich der Bochumer Herr Simon, der zu dieser Zeit Mieter einer Ferienwohnung im Ort war.

1985 übernahm Werner Mette die Pflege und Weiterentwicklung der Anlage. Die Besucherplattform musste im Jahr 1992 erneuert werden, weil sie durch ein Hochwasser zerstört wurde. Zum Schutz vor Vandalismus wurde dabei gleich eine Umzäunung mitgebaut. 2015 ging die Instandhaltung an Josef Wollmeiner über, da Mette sein Hobby aus gesundheitlichen Gründen aufgeben musste. Mit viel Liebe und Engagement der Beteiligten ist das Klimpermännchen auch heute noch ein hübscher Anlaufpunkt mitten im Wald. Erreichbar ist es zum Beispiel über den Rundweg OR3 von Oberrarbach aus.

Anschließend bietet sich im Ortskern von Oberrarbach im Gasthof Wollmeiner eine Einkehrmöglichkeit an. Das Dorf selbst liegt idyllisch eingebettet ins Rarbachtal auf einer Höhe von etwa 500 Metern über NN. Rund 60 Einwohner leben hier. Die erste Erwähnung des Dorfes reicht ins Jahr 1433 zurück. Die jetzige Kapelle wurde 1952 erbaut. Ein Spiel- und Bolzplatz befindet sich in unmittelbarer Umgebung. Außerdem steht in der Nähe das Heiligenhäuschen »Auf der Linge«. Aufgrund des Baus der Umgehungsstraße im Jahr 1974 musste es seinen ehemaligen Standort verlassen und wurde durch die Dorfbewohner auf der anderen Straßenseite neu gebaut. Dem kleinen Ort ist anzumerken, mit wie viel Liebe sich die Menschen um ihre Heimat kümmern, weshalb es sich lohnt, zum Wandern und Verweilen in das ruhige Dorf zu kommen.

Adresse Parkmöglichkeit: Oberrarbach 18, 57392 Schmallenberg-Oberrarbach (Parkmöglichkeit) | **ÖPNV** Buslinie 465 bis Haltestelle Schmallenberg-Oberrarbach, weiter zu Fuß, das Wasserrad ist ausgeschildert | **Anfahrt** A 46 bis Ausfahrt Meschede, in Richtung Ort und hier B 55 zum Hennesee folgen, hinter Nichtinghausen links auf L 914 und bis Oberrarbach, Parkmöglichkeiten am Straßenrand hinter der Bushaltestelle | **Tipp** Vielleicht bundesweit einmalig ist die Sägemühle Remblinghausen, etwa 13 Kilometer entfernt. Die Technik stammt aus dem Zeitraum zwischen 1880 und 1930 und ist heute noch voll funktionstüchtig.

90__Die Almhütte

Der höchste Strand im Sauerland

Alpenflair trifft Beachlife – der höchste Strand des Sauerlands befindet sich am Skihang in Schanze. Immer wieder schaffen es die Sauerländer, ihre Besucher mit besonderen Einkehrmöglichkeiten zu locken, was auch hier gelungen ist. Die Almhütte in Schanze ist für alle Altersgruppen ein besonderes Ziel. In der Umgebung lockt eine Vielzahl von Wanderwegen in die Natur, um vor oder nach der Einkehr noch ein paar Kalorien zu verbrennen.

Das Innere der Almhütte Schanze gleicht einem kleinen Museum. Über den Köpfen der Gäste und an den Wänden befindet sich ein Sammelsurium an Dekorationen und Antiquitäten. Alte Milchkannen, Körbe, Kochlöffel, Bollerwagen, Koffer, Schlitten, das Auge kann sich nicht sattsehen. Währenddessen dampft auf dem Teller die berüchtigte »SchaCuWu«, die Schanzer Curry-Wildschweinwurst. Wahlweise gibt es auch eine zünftige Brotzeit, verschiedene Suppen, und danach darf der Germknödel oder der Apfelstrudel natürlich nicht fehlen.

Draußen auf der grünen Wiese mit Blick über den Skihang ins Tal lockt der Almbeach. Der helle Sand leuchtet in der Sonne, und für die Kinder gibt es genügend Spielsachen, die man für einen Strand benötigt. Große, aufgespannte Sonnenschirme, Liegestühle sowie Sitzmöglichkeiten, manche davon wettergeschützt in urigen Fässern, sorgen für das passende Alpen-Strand-Ambiente.

»Almhütte Schanze macht glücklich« lautet das Motto der Wirtsleute Familie von der Ley. Auf Wunsch werden hier auch private Feiern ausgerichtet. Gelegentlich stehen sogar Hüttenabende mit Livemusik auf dem Programm. Übernachten kann man in der Almhütte zwar nicht, dafür gibt es aber direkt nebenan ein paar Wohnmobilstellplätze, von denen die Gäste einen herrlichen Ausblick von der Alm genießen können.

Die Hütte ist ganzjährig bewirtschaftet und sowohl im Sonnenschein als auch im tiefen Schnee ein lohnendes Ziel.

Adresse Schanze 24, 57392 Schmallenberg-Schanze | **Anfahrt** A 46 bis Ausfahrt Wennemen und der Beschilderung bis Schmallenberg und weiter bis Grafschaft folgen, in Grafschaft rechts abbiegen auf Am Stünzel und durch den Wald bis Schanze | **Öffnungszeiten** Di–Do 12–18 Uhr, Fr 12–22 Uhr, Sa 11–22 Uhr, So 11–19 Uhr, www.almhütte-schanze.de | **Tipp** Vor der Einkehr in der Almhütte lohnt sich eine kleine Wanderung auf dem Kyrill-Pfad Schanze.

91__Der Rathausplatz

Die größte Wanderkarte des Sauerlands

Das Sauerland ist eine Region mit vielen Superlativen. Mit dem Langenberg verfügt es über den höchsten Berg Nordrhein-Westfalens. Der Kahle Asten hingegen ist zwar »nur« der dritthöchste Berg der Region, dafür entspringt hier oben die Lenne aus der höchstgelegenen Quelle Nordwestdeutschlands. Gleichzeitig ist der Kahle Asten einer der Orte Deutschlands mit den wenigsten Sonnentagen im Jahr. Der tiefste Stausee ist der Sorpesee. Seine Dammhöhe beträgt 69 Meter. Kein Wunder, dass sich ganz in der Nähe die größte Wanderkarte des Sauerlands findet. Diese steht in Sundern auf dem Rathausplatz und misst insgesamt eine Fläche von sechs mal elf Metern.

Das Sauerland verfügt über ein ausgedehntes Wanderwegenetz mit namhaften Fernwanderwegen. Da gibt es den bekannten Rothaarsteig mit 154 Kilometern und 3.931 Höhenmetern, der eine Herausforderung in acht Etappen darstellt. Dazu gesellt sich der Sauerland-Höhenflug, der auf einer Strecke von 251 Kilometern über die höchsten Erhebungen des Sauerlands verläuft. Es folgt die Sauerland-Waldroute mit 246 Kilometern von Iserlohn nach Marsberg. Daneben gibt es unzählige Rundwanderwege, die in die schönsten Flecken der Region führen.

Die Sauerland-Waldroute führt mitten über den Sunderner Rathausplatz, womit dieser der ideale Standort für die riesige Wanderkarte ist. Auf 66 Quadratmetern präsentiert sie sämtliche Wanderwege, Orte und Sehenswürdigkeiten des Sunderner Stadtgebietes. Als Erinnerung gibt es die Karte auch im Miniaturformat.

Errichtet wurde sie dank des Wettbewerbs TourIS (Touristische Infrastruktur im Sauerland), bei dem es darum ging, Wanderparkplätze mit kreativen Ideen besonders zu gestalten. Die größte Wanderkarte des Sauerlands befindet sich an der Rückseite der Touristinfo. Direkt davor lädt ein Pausenplatz zur Rast ein, sodass die Karte in Ruhe studiert werden kann.

Adresse Rathausplatz, 59846 Sundern | **ÖPNV** Buslinien S 20, R 25, N 6, 334, 336, 431, 434, 435, 436, B 1, B 7 bis Sundern, Rathaus | **Anfahrt** A 445/A 46 bis Ausfahrt Hüsten, weiter auf B 229 bis Hachen, den Kreisverkehr an der 2. Ausfahrt verlassen und der Straße zum Ziel folgen | **Tipp** Auch interessant: in Sundern befindet sich in der Alten Kornbrennerei ein kleines Heimatmuseum. Hier werden Exponate Sunderner Firmen getreu dem Motto »Made in Sundern« von früher bis heute gezeigt. Eintritt freiwillige Spende (www.museum-kornbrennerei.de).

92 Der heilige Antonius

Der Fickeltünnes und das Schweinchen

Versteckt in einer Seitenstraße in dem beschaulichen Örtchen Allendorf steht auf einem kleinen Platz und direkt neben einer urtümlichen Bank der Fickeltünnes. Sein Name lädt zu mancher Mutmaßung ein, tatsächlich aber könnte dessen Bedeutung nicht seriöser sein. Während »Tünnes« im kurkölnischen Sauerland die Koseform für Antonius ist, wird als »Fickel« das Ferkel bezeichnet.

Der Antonius mit Ferkel also steht als bronzenes Abbild mit der Bezeichnung »Die Versuchung des Heiligen Antonius des Einsiedlers« (vom Künstler Dieter W. Meding) inmitten der winzigen Altstadt Allendorfs. Doch was hat es damit auf sich? Die Erklärung hat einen religiösen Ursprung. So wird der heilige Antonius als Schutzpatron der Bauern verehrt, weshalb er stets mit einem Schwein in Verbindung gebracht wird. In Allendorf gilt er auch als Stadt- und Kirchenpatron.

Besonders an der Skulptur ist, dass das Schwein neben dem Heiligen von einem hämisch grinsenden Dämon mit Harlekinmaske geritten wird. Dieser steht für die Versuchungen, denen der Heilige erliegen soll, doch er wehrt sich standhaft dagegen. Sinnbildlich verdeutlicht die Szene den Mut und die Stärke, gegen üble Verlockungen zu bestehen.

Schon aufgrund seines außergewöhnlichen Namens ist der Fickeltünnes einen Besuch wert. Noch mehr über die Geschichte des Ortes, seiner Häuser und Bewohner erfährt man auf dem Fickeltünnesweg. Der etwa 14 Kilometer lange Rundwanderweg beginnt am Marktplatz und führt vorbei an historischen Gebäuden, bezaubernden Kapellen, alten Zechen und geschichtsträchtigen Orten. Dabei erfahren die Wandernden sowohl Lustiges als auch Trauriges und Kurioses aus der Vergangenheit Allendorfs. Wer nicht die kompletten 14 Kilometer wandern möchte, sondern nur den beschaulichen Ort besichtigen, erfährt auch dabei auf Schritt und Tritt Interessantes über die Geschichte.

Adresse Altstadt Allendorf, Halmersreihe / Altstadtstraße, 59846 Sundern-Allendorf | ÖPNV Bus R 21 bis Haltestelle Allendorf, Markt, circa zwei Minuten Fußweg | Anfahrt A 46 bis Iserlohn, B 7 Richtung Hemer, dort rechts in Richtung Hönnetal, von hier aus rechts über B 515 und erneut rechts über B 229 bis Langenholthausen, zuletzt links bis Allendorf | Tipp Echte Schweinchen und tierisches Vergnügen für Jung und Alt gibt es auf Potts Bauernhof ganz in der Nähe (www.pottsbauernhof.de).

93__Am Stausee

Die Nessie vom Sorpesee

Mit einer Wassertiefe von bis zu 60 Metern ist der Sorpesee die tiefste Talsperre im Sauerland. Sein Stauvolumen beträgt 71 Millionen Kubikmeter. Damit ist der Stausee zwar nicht vergleichbar mit Loch Ness in Schottland, dafür sind Sichtungen von Nessie hier zu 100 Prozent bestätigt.

Am Ufer des Ortsteils Sundern-Amecke liegen gleich mehrere Nessies gemütlich in der Sonne. Mystisch grün schimmert ihr Äußeres. Manchmal sieht man sie auch friedlich auf dem Wasser treiben. Zu ihnen gesellen sich bildschöne weiße Schwäne. Nessie ist gutmütig und freut sich stets über neugierige Besucher und Menschen, die sich Zeit für sie nehmen. Mit ihnen schwimmt sie dann über den See. Das klingt ein bisschen wie ein Märchen?

Was sich hier so märchenhaft anhört, ist in der Realität ein Tretboot; allerdings ein ganz besonderes. Denn in seiner Form unterscheidet es sich von den weitläufig verbreiteten Booten. Nessie ist ein grüner Drache. Da wird die Fahrt über den See gleich zu einem besonderen Erlebnis und das Foto mit Nessie zu einer Sensation. Alternativ stehen im Kontrast zu Nessie die leuchtend weißen Tretbootschwäne zur Verfügung, genauso wie solche, die mit einem Liegestuhl zu einem Sonnenbad während der Fahrt einladen. Wer es eher rasant mag, steigt in den schicken roten Ferrari und düst eine Runde übers Wasser. Egal wofür sich die freudigen Tretbootstrampler entscheiden, sie sind ein Hingucker auf dem tiefblau strahlenden Sorpesee.

Am Sorpesee gibt es zwei Tretbootverleiher. Ein weiterer befindet sich genau am anderen Ende des Sees in Sundern-Langscheid. Tretbootfahren hat übrigens eine lange Tradition. Es wurde vermutlich bereits 1810 von Joseph von Baader erfunden und erfreut sich auch heute noch großer Beliebtheit. 1983 widmete Fräulein Menke den Tretbooten sogar ihr Lied »Tretboot in Seenot«. Das passiert mit Nessie hoffentlich nicht.

Adresse am Zeltplatz 5, 59846 Sundern-Amecke | **ÖPNV** Buslinie B 4 bis Haltestelle Amecke, Anlegestelle MS Sorpe | **Anfahrt** A 46 nach Iserlohn, weiter bis Hemer und später durch das Hönnetal bis Balve, der Beschilderung Richtung Sundern / Sorpesee bis Amecke folgen | **Öffnungszeiten** Mai – Sept. je nach Wetterlage 11 – 18 Uhr, https://sorpesee.com/erleben-essen/tretbootverleih | **Tipp** In Amecke führt der Airlebnisweg rund um das Vorbecken des Sorpesees. Auf 3,4 Kilometern sind 20 Mitmachstationen zu den Themen Luft, Atmen und Wasser zu entdecken.

94 Der Bogenschützen-parcours

Tierfreundlich jagen und durch den Wald streifen

Versteckt und vom Wegesrand nur sichtbar für die, die mit offenen Augen durch die Natur wandern, stehen Wildschwein, Reh, Eule, Murmeltier und Co. im Wald bei Sundern-Langscheid. Doch beim Näherkommen laufen die Tiere hier nicht weg, denn es sind originalgetreue Nachbildungen. Wer die Figuren entdeckt, sollte aufmerksam sein, denn sie gehören dem Bogensportverein »Die Wildgänse«.

Der 2011 gegründete Verein hat einen ganz besonderen Sportparcours für Bogenschützen errichtet. In freier Wildbahn geht es sozusagen auf tierfreundliche Pirsch. Aus Sicherheitsgründen darf der Parcours nur von Bogenschützen betreten werden und auch nur in der vorgegebenen Reihenfolge. Kleine, unscheinbare Trampelpfade schlängeln sich bergauf und bergab durch den Wald, der im Sommer dicht bewachsen ist, sodass die Jagd auf die Tierfiguren durchaus ordentlich authentisch ist.

Die Nutzung des tierfreundlichen Bogenparcours ist kostenpflichtig. Am Ausgangspunkt befindet sich ein kleines Areal, um sich warm zu schießen. Außerdem gibt es zwei Bauwagen, und in einem Holzkasten liegt das Parcoursbuch aus, in dem sich jeder Bogenschütze ein- und austragen muss.

Der kreative Parcours, bei dem außer zum Warmschießen nicht nur eine Zielscheibe ins Visier genommen wird, sondern 3-D-Tiere, die sich gut in der Landschaft verstecken, weckt das Jagdfieber und ist sicher ein ganz besonderes Highlight für jeden Bogenschützen. Er vereint den Sport an der frischen Luft mit viel Bewegung und bietet gleichzeitig Abenteuercharakter. Insgesamt werden bei der tierfreundlichen Jagd fünf Kilometer Strecke zurückgelegt, auf denen 36 Stationen mit 60 Tierfiguren warten. Es wird eine Zeitdauer von drei bis vier Stunden angesetzt, um den Parcours »abzuarbeiten«. Um auf die tierfreundliche Pirsch zu gehen, ist eine eigene Ausrüstung erforderlich.

Adresse Tannenweg 1, 59846 Sundern-Langscheid | ÖPNV Buslinien R22, 432, B10 bis Haltestelle Langscheid, Sportplatz, wenige Meter Fußweg Richtung Ortsausgang | Anfahrt A46 bis Ausfahrt Neheim-Süd, über Herdringen bis hinter Hövel, links halten Richtung Langscheid, kurz vor dem Ort rechts in den Tannenweg, Parkplätze direkt an der Kreuzung | Öffnungszeiten Trainingszeiten So 10–12 Uhr, in der Sommerzeit auch Do 18–20 Uhr, www.bsv-sorpesee.de | Tipp Auf dem Weg zum Bogenparcours fährt man vorbei am Jagdschloss Herdringen. Hier wurden 1961 und 1963 Filmaufnahmen zu Edgar Wallace »Der Fälscher aus London« und »Der schwarze Abt« gedreht.

95 Der Kurpark

Das schönste Fitnessstudio im Sauerland

Der Kurpark in Sundern-Langscheid ist mit Sicherheit kein gewöhnlicher Kurpark. Hier werden Ninjas geformt. Hier treffen Sport und Spaß aufeinander. Hier heißt es, draußen schwitzen statt drinnen. Luftige Open-Air-Fitness statt stickiges Fitnessstudio lautet die Devise. Im sogenannten Mehrgenerationen-ParKur kann kostenlos an der frischen Luft Sport getrieben werden und das durch alle Altersklassen. Der herrliche Blick auf den blau schimmernden Sorpesee und die umliegenden Berge ist dabei inklusive. Damit dürfte die Anlage wohl das weit und breit schönste und gleichzeitig vielseitigste Outdoor-Fitnesscenter sein.

Balancieren, klettern, hangeln und mehr; insgesamt 44 sportliche Stationen sorgen dafür, dass jeder Muskel im Körper gefordert wird. Während es für Kinder einen liebevoll angelegten und kreativen Abenteuer-Parcours aus Holz gibt, auf dem schon die Jüngsten ihr Gleichgewicht, ihre Kraft und Ausdauer auf spielerische Weise herausfordern können, sorgen professionelle Outdoor-Fitnessgeräte für sportliche Erlebnisse bei den Erwachsenen.

Trainingselemente für Kraft, Geschick und Ausdauer stehen auch hier auf dem Programm. Die passenden Anleitungen für die Geräte werden dazu gleich mitgeliefert, sodass alle Übungen auch korrekt absolviert werden. Wer dazu noch Trainingsequipment benötigt, kann sich dieses ausleihen. Dafür gibt es im ParKur die Sportbox. Mittels einer Smartphone-App können sich die Nutzer registrieren und Sportgeräte entnehmen.

Wer also Sport und Spaß an der frischen Luft dem muffigen Fitnessstudio vorzieht, sollte hierherkommen. Wer sich einmal wie die Ninjas im Fernsehen fühlen möchte oder wer für den nächsten Hindernis- oder Matschlauf trainiert, ist hier ebenso richtig wie die, die einfach etwas für ihre Gesundheit tun möchten. Hinterher laden die weitläufigen, sonnenbeschienenen Wiesen zum Ausruhen ein.

Adresse Zum Sorpedamm, 59846 Sundern-Langscheid | ÖPNV Buslinie B 4 bis Haltestelle Langscheid Seegarten, der Kurpark ist in wenigen Schritte erreicht | Anfahrt A 46 bis Ausfahrt Hüsten, auf B 229 in Richtung Hüsten und dem Straßenverlauf bis hinter Hachen folgen, links abbiegen auf Tiefenhagener Straße / L 687 und bis zum Parkplatz am Sorpeufer fahren, kurzer Fußweg | Öffnungszeiten jederzeit frei zugänglich | Tipp Zur Kräftigung der Beinmuskulatur empfiehlt sich anschließend noch eine Tretbootfahrt auf dem Sorpesee.

96 Der Teufelsteich

Den Sagen der Region im Wald nachspüren

Einst, so erzählt die Sage, stand im idyllischen Flasbachtal ein Schloss. Sein Besitzer war ein raffgieriger Mann, der die Bauern der Region ausbeutete, um reicher und reicher zu werden. Vor lauter Gier sollten die Bauern irgendwann auch am Sonntag der Arbeit nachgehen, obwohl dies verboten war. Zu Anfang weigerten sie sich, aber der Schlossherr kannte keine Gnade und drohte mit furchtbaren Strafen. So kamen sie widerstrebend und begannen ihre Arbeit, als plötzlich ein grausiges Gewitter aufzog. Der Schlossherr ließ sich nicht beirren und forderte weiter die Arbeit der Bauern ein. Plötzlich schlug ein Blitz in das Schloss, es schepperte ohrenbetäubend, und das stattliche Gemäuer versank mitsamt Schlossherrn und all seinen Schätzen im Erdboden. Man sagte daraufhin, der Teufel habe ihn geholt.

Die Mulde, die sich durch den Blitzeinschlag gebildet hatte, füllte sich mit Wasser, und es entstand der sogenannte Teufelsteich. In Vollmondnächten sollen hier früher die Langscheider nach den versunkenen Schätzen gegraben haben. Ob einer von ihnen erfolgreich war, steht nicht geschrieben.

Fakt ist, dass diese mysteriöse Mulde auch heute noch sichtbar ist. Auf Karten ist sie als Teich verzeichnet, dieser fällt jedoch regelmäßig trocken. Dann sprießt frisches Grün aus dem Grund des Teiches, was dem Ort eine noch geheimnisvollere Aura verleiht. Um das ganze schaurige Ambiente zu vervollständigen, weist ein teuflisches Holzschild auf den Untergang des Schlosses hin.

Nicht weit entfernt vom Teufelsteich befindet sich die Hexenlochhütte. Die urige Hütte am Waldrand kann für Feierlichkeiten gemietet werden. Möglicherweise muss man in Vollmondnächten aber damit rechnen, dass auch der Teufel und die Hexe auf der Party erscheinen. Also Obacht. Direkt an der Hütte befinden sich Rastplätze, und frisches Trinkwasser sprudelt aus einer Quelle, sodass sich hier eine gemütliche Pause anbietet.

Adresse Sorpestraße, 59846 Sundern-Langscheid | **ÖPNV** Buslinien R 22, 432 bis Haltestelle Langscheid, Sorpedamm, weiter zu Fuß (siehe Anfahrt) | **Anfahrt** A 445/A 46 bis Ausfahrt Hüsten, weiter auf B 229 bis kurz hinter Hachen, links abbiegen und der Straße bis Langscheid folgen, Parkplatz P1 an L 687, Sorpestraße am Ortsrand, zu Fuß der Sorpestraße zurück Richtung Wald folgen und in der Rechtskurve links in den Wanderweg abzweigen | **Tipp** Mit der MS Sorpesee in See stechen. Die Ableger befinden sich direkt am Ufer in der Nähe des Parkplatzes.

97 Der Trekkingplatz am See

Back to the roots – übernachten am Sorpesee

Am Sorpesee im Sauerland treffen unterschiedliche architektonische Stile und lebendige Kulturen aufeinander. Zwar überwiegt der skandinavische Einfluss, doch es verstecken sich hier auch zwei ganz besondere und eher unscheinbare Unterkünfte. Direkt am Ufer des Sees im Nordic Ferienpark stehen auf Holzplattformen zwei Zelte. Hier kann man urtümlich übernachten und sich wie die Naturvölker fühlen. Die Idee erinnert ein bisschen an die Trekkingplätze im Sauerland, mit dem Unterschied, dass das eigene Zelt in diesem Fall nicht mitgebracht werden muss.

Unter dem Zeltdach steht allen ein gemütlicher Innenraum zur Verfügung, die einmal ganz naturverbunden wohnen möchten. Der morgendliche Weckruf kommt von den Seevögeln. Tagsüber ziehen Boote über das Wasser. Angler werfen ihre Ruten aus. Am Abend huschen unzählige Schwalben über die Köpfe hinweg. Die Holzplattformen, auf denen die urigen Zelte stehen, dienen gleichzeitig als Terrasse. Auf dieser ist genug Platz, um den Sonnentanz zu zelebrieren, Speisen an der frischen Luft zuzubereiten oder einfach den Blick über den See zu genießen. Perfekt wird das naturnahe Leben mit einer Fahrt im Kanu über den Sorpesee, die gleich vor dem Zelt beginnen kann. Geschlafen wird unter recht einfachen Bedingungen; wie die Naturvölker eben.

Eine Stufe bequemer wird das Outdoorabenteuer im »Schäferwagen Heinrich« oder im »Trollhotel Toni«, einem Schlaf-Fass. Und last but not least – wer hätte gedacht, dass Schweden im Sauerland liegt? Neben drei bunten Baumhäusern leuchten rot-weiß getünchte Satteldach-Schwedenhäuser und wenige Meter weiter die blau-weiß strahlenden Finntalos, die die höchste Komfortstufe bieten. Da wird der Sorpesee plötzlich zum Fjord, es fehlen nur noch die Nordlichter.

Doch das größte Erlebnis »back to the roots« bieten die urgemütlichen Zelte direkt am Seeufer.

Adresse Am Sorpesee 193, 59846 Sundern-Langscheid | ÖPNV Buslinie B 4 bis Haltestelle Amecke, Nordic Ferienpark | Anfahrt A 46 nach Iserlohn und weiter bis Hemer, der Beschilderung Richtung Balve folgen, in Sanssouci links, über Beckum und Mellen zum Sorpesee | Öffnungszeiten Informationen und Buchung unter www.sorpesee.com | Tipp Etwa 35 Minuten Fahrzeit entfernt, können in Elspe passend zum Thema die Karl-May-Festspiele besucht werden.

98 Die Kreuzbergkapelle

Skandinavisches Flair auf dem Loermund

Ein Hauch von Skandinavien findet sich auf dem Kreuzberg von Sichtigvor, einem Ortsteil von Warstein, auf dem die über 125 Jahre alte Kreuzbergkapelle thront. Obwohl sie aus Stein gebaut ist, erinnert ihr Erscheinungsbild an eine skandinavische Stabkirche. Rund um den Kreuzberg befindet sich, was kaum einer weiß, eine historische Wallburganlage.

Die Kapelle im neugotischen Stil wurde einst von Professor Ludwig Schupmann aus Aachen entworfen, der ursprünglich aus Geseke stammte. Doch schon lange bevor an dieser Stelle auf dem Loermund die Kreuzbergkapelle stand, übte der Ort auf dem Bergsporn eine geheimnisvolle Wirkung aus. Spuren einer Ringwallanlage belegen, dass die Menschen schon in der vorrömischen Eisenzeit hier oben Schutz suchten. Ein tiefer Halsgraben auf dem Loermund lässt darauf schließen, dass hier einst sogar eine mittelalterliche Burganlage stand. Dafür sprechen auch einige wenige Ausgrabungsfunde.

Über den Kreuzweg gelangt man, vorbei an den einzelnen Kreuzwegstationen, hinauf auf den Loermund. Im Zickzack und ordentlich ansteigend geht es durch schattigen Wald hinauf. Entlang des Weges erläutern Informationstafeln Wissenswertes über die Historie des Ortes, seiner Gebäude und Einwohner. Mittels QR-Code lassen sich ergänzende Informationen abrufen. Die Tafeln sind für sehbehinderte Personen auch mit Blindenschrift versehen, wenngleich der etwas holprige Wegverlauf nicht unbedingt als barrierefrei bezeichnet werden kann.

Von Kreuzberg und der Kapelle bietet sich ein wunderbarer Ausblick ins Möhnetal. Ein überdimensionaler Bilderrahmen sorgt dazu für das passende Erinnerungsfoto. Die interessante Historie des Ortes und die neugotische Kapelle lassen die Geschichte mit der Gegenwart verschmelzen und bei jedem Besucher dieses Ortes sicher ein wenig mystische Stimmung aufkommen.

Adresse Römerstraße, 59581 Warstein-Sichtigvor | **ÖPNV** Buslinien 552, 651 bis Haltestelle Sichtigvor, Römerstraße, weiter zu Fuß | **Anfahrt** A 44 bis Ausfahrt Soest-Ost, über L 856 Richtung Möhnesee, an der Kreuzung B 516 links in die Straße Haarweg abbiegen, später auf die L 748 rechts bis Sichtigvor, den Kreisverkehr an der 2. Ausfahrt in die St.-Georg-Straße verlassen, Parkmöglichkeiten im Ort, weiter zu Fuß | **Öffnungszeiten** nur von außen zu besichtigen | **Tipp** Ein Besuch des nahe gelegenen Skywalk Möhnetal bei Westendorf an der B 516, einer 30 Meter langen Stahlkonstruktion, die über den Liethsteilhang hinausragt und einen Panoramablick ins Möhnetal bietet.

99_Schloss Mülheim

Die Deutschordenskommende

Beeindruckend erheben sich die mächtigen Mauern des Schlosskomplexes schon bei der Einfahrt in die Warsteiner Ortsteile Sichtigvor und Mülheim vor den Augen des Betrachters. Links und rechts ragen malerische Türmchen empor, und im passenden Stil steht unweit die Kirche St. Margaretha. Von der Rückseite wirkt das Gebäude nicht weniger imposant. Ein bezauberndes Sprossenfenster reiht sich an das nächste. Zum Eingang führt je links und rechts eine steinerne Treppe empor. Die Zufahrt wirkt vereinsamt und verfallen, ebenso die umliegenden Grünflächen. Das Ensemble erinnert eher an einen Lost Place als an ein geschichtsträchtiges Kloster. Es scheint sich im Dornröschenschlaf zu befinden; Zeitungsberichten zufolge sollen Wohnungen in dem Gebäude entstehen, sodass sich hier zukünftig zumindest im Inneren einiges tun wird. Doch egal wie es sich entwickelt, ein imposanter Hingucker ist das Schloss und einstige Kloster allemal.

Schloss Mülheim blickt auf eine lange Geschichte zurück und ist heute ein bedeutendes Baudenkmal. Seine Ursprünge reichen bis ins Jahr 1072 zurück, als der Kölner Erzbischof Anno II. die Benediktiner-Abtei Grafschaft gründete, um hier den bedeutendsten geistigen und wissenschaftlichen Mittelpunkt des Sauerlands zu schaffen. Im Jahr 1266 wurde die Anlage eine Niederlassung des Deutschen Ordens, weshalb das Schloss auch als Deutschordenskommendeschloss bezeichnet wird.

2016 fanden im Schloss Dreharbeiten für den Film »Nebel im August« unter der Regie von Kai Wessel statt. In dem Film geht es um die grausame NS-Vergangenheit und die wahre Begebenheit um den 13-jährigen Ernst Lossa, der dem Euthanasieprogramm zum Opfer fiel.

Die Klosteranlage ist in Privatbesitz und kann nur von außen besichtigt werden. Die Kirche St. Margaretha und die Mariengrotte sind jedoch öffentlich zugänglich.

Adresse Ordensritterweg, 59581 Warstein-Sichtigvor | **ÖPNV** Buslinien R 51, R 71, 552, 651, 652 bis Haltestelle Sichtigvor, St.-Georg-Straße | **Anfahrt** A 44, Ausfahrt Soest-Ost, über L 856 Richtung Möhnesee, an der Kreuzung B 516 links in Haarweg abbiegen, später auf L 748 rechts bis Sichtigvor, geradeaus durch den Kreisverkehr und an der nächsten Möglichkeit zweimal links | **Öffnungszeiten** nur von außen zu besichtigen, Pfarrkirche und Ehrenmal Mariengrotte zugänglich | **Tipp** Im Kettenschmiedemuseum kann man Wissenswertes über die regionale Tradition des Kettenschmiedens erfahren (Termine nach Vereinbarung unter https://heimatverein-muesiwa.de/kettenschmiede, Navi: Möhnestraße 96). Anschließend lohnt eine Einkehr im »Alten Bahnhof Sichtigvor« (Navi: Römerstraße 1).

100 Burg Pungelscheid

Wo einst der einzige König von Korsika herrschte

Burg Pungelscheid bei Werdohl war einst Stammsitz der Familie des Theodor von Neuhoff, der als erster und einziger frei gewählter König von Korsika kurzzeitig Geschichte schrieb. Die Burg ist nicht mehr existent. Lediglich ein Burgbrunnen befindet sich noch auf heutigem Privatgelände. Die Straße Alt-Pungelscheid in Werdohl verläuft durch die ehemalige Burganlage und Gebäude wie ein Kornspeicher, ein Haferkasten und eine Huf- und Wagenschmiede sind die ältesten historischen Gebäude des Ortsteils. Für die Schmiede und den Haferkasten werden nach Absprache auch Besichtigungen angeboten.

Theodor I. König von Korsika wurde als Theodor, Freiherr von Neuhoff am 25. August 1694 in Köln geboren und wuchs auf dem Familienstammsitz in Pungelscheid auf. Sein Leben wurde zu einem einzigen Abenteuer. Verschuldet durch Glücksspiel, festgenommen wegen Betrugs, reiste er quer durch Europa, lernte zahlreiche Sprachen und schaffte es trotz allem, sich ein großes Netzwerk an Unterstützern aufzubauen. 1732 wurde er Agent in Österreich für Italien und kam dadurch mit den korsischen Freiheitskämpfern in Berührung. Am 15. April 1736 wurde er zum König von Korsika gewählt. Während seiner kurzen Regentschaft vereinfachte er das Steuersystem und ließ sogar eigene Münzen prägen. Jedoch gelang es ihm nicht gänzlich, die Genuesen von der Insel zu vertreiben, und er scheiterte bei dem Versuch, Verstärkung zu holen. 1756 starb er verschuldet und verarmt in London.

Durch einen Blitzeinschlag brannte die erstmalig 1360 urkundlich erwähnte Burg Pungelscheid im Jahr 1797 vollständig ab. Mit den Steinen wurde 1808 gegenüber der Burg ein Bauernhaus errichtet, in das der Wappenstein der Neuhoffs eingemauert wurde. Das Haus steht heute unter Denkmalschutz, der Stein ist nur noch eine Kopie. Das Original befindet sich in einem Verbindungsgang zwischen dem alten und neuen Rathaus.

Adresse Alt-Pungelscheid, 58791 Werdohl-Pungelscheid | ÖPNV Buslinien 63, ALF 66 bis Haltestelle Pungelscheid II; zu Fuß in Fahrtrichtung zurück, links in die Straße Alt-Pungelscheid | Anfahrt A 46, Ausfahrt Iserlohn-Oestrich, über B 236 vorbei an Altena bis Werdohl, weiterfahren bis Pungelscheid, hier links in Rutenpaul / Pungelscheider Weg, am 1. Kreisverkehr geradeaus, am 2. Kreisverkehr 3. Ausfahrt nach links, an der nächsten Kreuzung rechts | Tipp Als eine der schönsten Höhenburgen Deutschlands zählt die Burg Altena. Entweder zu Fuß den Berg hinauf oder barrierefrei mit dem Erlebnisaufzug gelangt man von der Stadt Altena bis in den oberen Burghof.

101 Das Viadukt

Harry Potter meets Sauerland

Harry Potter und Co. – immer wieder erinnern auch im Sauerland filmreife Brückenbauwerke an die großen Bilder auf den Kinoleinwänden. Das Viadukt in Willingen, die Kanzelbrücke am Möhnesee oder die Fischbaubogenbrücke in Plettenberg mit ihrer begehbaren Aussichtsplattform sind nur ein paar Beispiele, die das Sauerland als Filmkulisse erscheinen lassen.

Das Viadukt in Willingen prägt das Stadtbild. Auf einer Länge von 293,6 Metern zieht es sich durch das Itterbachtal und ist kaum zu übersehen. Mit seinen zehn mächtigen Pfeilern, elf hohen Bögen und einer Gesamthöhe von 31,31 Metern wirkt es gewaltig. Auch heute noch fahren die Züge der Uplandbahn zwischen Korbach und Brilon-Wald über das Bauwerk, das das größte und damit imposanteste im gesamten Streckenverlauf ist. In Betrieb genommen wurde es am 2. April 1917. Einen Tag vorher endete die Ära der Postkutschen, die seit 1850 eine zuverlässige Verbindung der Willinger zur Außenwelt waren. Nach 80 Jahren war das Bauwerk allerdings so stark angegriffen, dass die Bahnstrecke stillgelegt wurde. Dies sollte jedoch nur vorübergehend sein, denn 2003 beschloss man, die komplette Strecke zu sanieren.

Die Sanierung des Willinger Viadukts war dabei nicht nur die teuerste Position auf der Rechnung, sondern auch die größte und schwierigste Aufgabe. Der Kalkstein, der einst die Außenansicht zierte, musste dabei entfernt werden. Heute erstrahlt die Brücke im modernen Spritzbeton-Design. Dem majestätischen Anblick der Brücke tut dies aber keinen Abbruch. Wer unten steht und den Blick entlang der beachtlichen Pfeiler nach oben schweifen lässt, wird trotzdem beeindruckt sein. Ein Fußweg verläuft durch einen der Bögen und führt zu einem Abenteuergolfplatz. So lässt sich die Sicht auf das Viadukt beim Spielen noch ein Weilchen weiter genießen, und wer weiß, vielleicht fährt Harry Potter ja vorbei. Einmal mit der Uplandbahn über die Brücke fahren, geht natürlich auch.

Adresse Stryckweg, 34508 Willingen | **ÖPNV** Buslinien R 48, 382 bis Haltestelle Willingen, Alte Post, zu Fuß über die kleine Brücke die Itter überqueren, Viadukt bereits sichtbar | **Anfahrt** A 46, bis zum Ende der Autobahn auf Höhe Bestwig, der Beschilderung bis Willingen folgen, den Ort durchqueren und kurz vor dem Viadukt rechts in den Stryckweg, Parkmöglichkeit direkt am Viadukt | **Tipp** Auf andere Art und Weise beeindruckend ist die Fischbauchbogenbrücke über die Lenne in Plettenberg. Die ansehnliche Stahlfach-Eisenbahnbrücke steht unter Denkmalschutz und ist heute nicht mehr in Betrieb.

102 Die Schwalenburg

Eine Großburg des frühen Mittelalters entdecken

Die Schwalenburg ist eine frühgeschichtliche Wallburg im Ortsteil Schwalefeld. Die Ruine zählt zu den eindrucksvollsten frühgeschichtlichen Befestigungen Mitteleuropas und kann von einem Aussichtsturm von oben betrachtet werden.

Mit ihrer Fläche, die sich über etwa sechs Hektar erstreckt, zählt die Schwalenburg zu den außergewöhnlich großen Burgen des Mittelalters. Sie thronte einst auf der 660 Meter hohen Erhebung, an deren Fuße sich heute der hübsche Ortskern von Schwalefeld ins Tal kuschelt. Die Ringwallanlage soll um das Jahr 800 errichtet und bereits vor der Jahrtausendwende wieder aufgegeben worden sein. Die drei Befestigungsringe wurden in mehreren Ausbauphasen errichtet und sind auch heute noch erkennbar. Rund um das Areal verläuft seit 2015 der Ringwallweg. Insgesamt acht Schautafeln berichten während der Reise in die Vergangenheit Interessantes über die Entstehung der Burg, ihre Bauweise und ihre Nutzung, sodass das Leben anno dazumal vor dem geistigen Auge sichtbar wird. Vom Burgringturm, der 2008 anlässlich des 675-jährigen Dorfjubiläums errichtet und 2009 fertiggestellt wurde, kann man den Blick über das ganze Areal, hinunter ins Tal und über die umliegenden Höhenzüge streifen lassen. Idealerweise befindet sich ganz oben auch eine kleine Bank mit Tisch, von der man die Aussicht bei einem Turmpicknick genießen kann.

Rund ums Jahr finden regelmäßig Veranstaltungen um die Burg statt, und es werden Führungen angeboten, die auf Reisen in das frühe Mittelalter entführen, um die Geheimnisse der Schwalenburg zu enthüllen. Auf der Homepage finden sich alle Informationen rund um die Anlage, ihre Entstehung, Ausgrabungen, Funde rund um die verschiedenen Ringwallwege sowie Termine und Anmeldemöglichkeiten für die Führungen. Die Schwalenburg ist übrigens auch einer der 42 Sauerländer Seelenorte, von denen es in der Region eine bunte Auswahl zu erkunden gibt.

Adresse Wanderparkplatz Am Hegeberg, 34508 Willingen-Schwalefeld | Anfahrt A 46 bis zum Ende der Autobahn auf Höhe Bestwig, der Beschilderung bis Willingen folgen, dort scharf links nach Schwalefeld abbiegen, Parkplatz ist ausgeschildert | Öffnungszeiten Informationen auf www.schwalenburg.de | Tipp Ein weiterer Sauerländer Seelenort in der Nähe ist der ehemalige Steinbruch Hengböhl in Willingen-Stryck (weitere unter www.sauerland-wanderdoerfer.de/de/sauerland-seelenorte).

103 Das Milchmuhseum

Eine Reise durch die Welt der Milch

Eine Reise durch die Welt der Milch bietet das Upländer Milchmuhseum. Wer selber einmal Butter herstellen und verkosten möchte, kann dies im Rahmen der Programmangebote des Muhseums erleben. Regelmäßig werden auch Käse- und Weinabende angeboten. Oder wie wäre es mit einem Kindergeburtstag im Milchmuhseum? Auf dem Milch-Erlebnispfad Usseln kann anschließend noch etwas Outdoor-Milchkultur erlebt werden.

Im Milchmuhseum erfahren die Besucher alles über die Entwicklung von der Upländer Gebirgsmolkerei zur Upländer Bauernmolkerei. Sie wurde im Jahr 1898 von 35 Landwirten gegründet, die täglich 500 Liter Milch lieferten. Heute sind es 35 Millionen Liter pro Jahr, die von mittlerweile 110 Bio-Betrieben geliefert werden. Bereits 1987 fand die Umstellung auf die Produktion von Bio-Milch statt, die seit 2009 hier zu 100 Prozent verarbeitet wird. Neben Informationen rund um die Molkerei erfährt man Wissenswertes über den Weg der Milch hin zum Milchprodukt. Zahlreiche Anschauungsstücke verdeutlichen den Prozess. Dazu kann ein Audioguide ausgeliehen werden, der an 21 Stationen ein unterhaltsames Erlebnis schafft. Auch ein Mini-Kino ist vorhanden, in dem ein Film über die Molkerei gezeigt wird. Im Anschluss an den Besuch des Muhseums lädt das Museumscafé zum Verweilen ein. Natürlich gibt es auch erfrischende Milchgetränke. Direkt neben dem Eingang ins Muhseum befindet sich ein kleiner Bioladen, in dem es neben Milchprodukten noch andere regionale Erzeugnisse zum Mitnehmen gibt. Der Eintritt ins Museum ist eine Spende in freiwilliger Höhe, die in eine Kanne im Foyer eingeworfen wird. Lediglich der Audioguide ist kostenpflichtig.

Nach dem Besuch im Muhseum lohnt sich die Wanderung auf dem rund sechs Kilometer langen Milch-Erlebnispfad mit verschiedenen Mitmach- und Spielstationen sowie einer Einkehrmöglichkeit in der Graf Stolberg Hütte.

Adresse Korbacher Straße 6, 34508 Willingen-Usseln | **ÖPNV** Buslinie R 48 bis Haltestelle Usseln, Mitte | **Anfahrt** A 46 bis zum Ende der Autobahn auf Höhe Bestwig, der Beschilderung bis Willingen folgen, den Ort durchqueren und auf B 251 bleiben, welche direkt bis ans Ziel führt | **Öffnungszeiten** Di–Sa 11–17 Uhr, www.muhseum.de | **Tipp** Ganz in der Nähe befindet sich auch das Curioseum (www.curioseum-willingen.de), welches, wie der Name bereits verrät, die ein oder andere Kuriosität bereithält.

104 Der Grotenberg

Tanz auf dem Vulkan

Vulkanische Aktivitäten zeigen sich landschaftlich nicht nur in der Eifel, die mit ihren eindrucksvollen und weithin bekannten Maaren auf sich aufmerksam macht, sondern auch im Sauerland. Ein Zeugnis dieser Ereignisse ist der Grotenberg, der durch einen untermeerischen Vulkanausbruch vor über 350 Millionen Jahren entstand. Wer einen Tanz auf dem Vulkan nicht scheut, sollte den kurzweiligen Aufstieg auf den Berg in Angriff nehmen.

Vor der malerischen Kulisse am Fuße des Vulkankegels liegt das Dorf Welleringhausen. Mit rund 90 Einwohnern ist es der kleinste Ortsteil Willingens. Am Feuerwehrgerätehaus beginnt der Vulkanpfad, der auf eine Strecke von sieben Kilometern über den einstigen Vulkan führt. Zahlreiche Infotafeln erläutern dabei die Entstehung des Grotenbergs. Der Anstieg erfolgt zu Beginn über die Apfelallee, die von Obstbäumen gesäumt ist. Zur Erntezeit findet man hier gleich eine willkommene Stärkung für die Wanderung, auf der es weiterhin auch Wissenswertes über den Goldbergbau in der Region zu erfahren gibt. Oben angekommen, laden Bänke mit Blick ins Tal zu einer Pause ein.

Der kleine Abstecher zum »Haus im Ohl« sollte bei der Rundwanderung nicht außen vor bleiben. Der ehemalige Verwaltungssitz des Goldbergbaus dient heute als Informationszentrum des Geoparks Grenzwelten. In dem kleinen Museum können allerhand erstaunliche Exponate besichtigt werden, zu denen die Geoparkführerin Renate Hill Interessantes zu berichten hat. Etwas oberhalb des liebevoll gestalteten Fachwerkhauses mit seinem charmanten Garten wartet der Seelenort »Eiche im Ohl« auf Besucher. In dem alten Baum hängen gemütliche Schaukeln für eine entspannte Auszeit. Der Rückweg führt über den Kuhtenberg, einen Ausläufer des Grotenbergvulkans. An einigen Stellen sind hier noch Zeugnisse des Erz- und Goldbergbaus sowie die eines Steinbruchs zu finden.

Adresse Zum Sonnenberg, 34508 Willingen-Welleringhausen | Anfahrt A 46 bis zum Ende der Autobahn auf Höhe Bestwig, der Beschilderung bis Willingen folgen, weiter auf B 251 durch Usseln und den Wegweisern nach Welleringhausen folgen | Tipp In Welleringhausen beginnt neben dem Vulkanpfad auch der Geschichtspfad. Beide Wege lassen sich zu einer größeren Rundwanderung kombinieren.

105 Die Echo-Bank

Wo Wörter über Berge schallen

Eigentlich ist sie eine ganz normale Bank am Wegesrand, die Echo-Bank. Doch durch ihre besondere Lage am Berghang, über einem Taleinschnitt, mit Blick über die Wiesen und Wälder, kann man hier mitunter seinen eigenen Worten lauschen. »Wie es in den Wald hineinschallt, so schallt es auch wieder heraus«, das wird hier anschaulich deutlich. Das Sprichwort benutzt man auch heute noch, wenn man jemandem unfreundlich begegnet und eine entsprechend unfreundliche Antwort bekommt.

Das Wort Echo selbst ist wahrscheinlich an die griechische Mythologie angelehnt. In der Legende gibt es eine Nymphe namens Echo. Sie versuchte Hera durch ihre Redseligkeit davon abzulenken, die Liebschaften von Zeus aufzudecken. Zur Strafe nahm Hera ihr die Fähigkeit zu sprechen, sie konnte daraufhin nur noch kurze Wortfetzen anderer wiederholen.

Für verschiedene Tierarten ist das Echo ein nützliches Instrument. Fledermäuse lokalisieren beispielsweise mittels des Echos ihre Beute. Für Menschen sind diese Töne jedoch nicht zu hören. In der Wissenshaft wird das Echo zum Beispiel zur Messung der Meerestiefe genutzt oder um Mauern oder alte Gebäude unter der Erde zu finden.

Wer also selbst einmal sein Echo hören möchte, der sollte auf der Echo-Bank Platz nehmen. Sie liegt abseits der stark frequentierten Wanderwege in idyllischer Alleinlage oberhalb von Winterberg und ist ein gemütlicher Ort, um einmal fernab der sonst eher touristischen Ziele Winterbergs zu verweilen und die Stille zu genießen. Der Parkplatz Kreuzbergweg befindet sich in der Nähe und ist damit idealer Ausgangspunkt, um das Naturschutzgebiet Molbecke auf einem der vielen Wanderwege zu erkunden. Nicht weit entfernt von der Echo-Bank liegt zudem das Naturdenkmal »Zwei Hudebuchen« mit einem kleinen Rastplatz. Mehr Natur findet man in Winterberg auf dem Schluchten- und Brückenpfad. Auch lohnenswert: ein Bummel durch die Innenstadt.

Adresse Hesborner Weg, 59955 Winterberg | **ÖPNV** Buslinie B 1 bis Haltestelle Winterberg, Kapellenstraße, zu Fuß immer die Kapellenstraße bergauf | **Anfahrt** A 46 bis zum Ende der Autobahn auf Höhe Bestwig; weiter über B 480 nach Winterberg, B 236 nach links in Poststraße verlassen, rechts in Kapellenstraße und bis zum Parkplatz Kreuzbergweg fahren, ein kurzes Stück zu Fuß dem Hesborner Weg folgen | **Tipp** Abseits der Ruhe befindet sich in Winterberg der Erlebnisberg Kappe. Abenteuerlich kann man hier über die Panoramabrücke wandern, sommerrodeln, Minigolf spielen und einiges mehr (www.erlebnisbergkappe.de).

106 Die Ruhrquellenhütte

Vom Nordpol des Sauerlands in die Toskana

Das Sauerland hat einige Orte, an denen das Wetter sich zu Extremen bekennt. Selbst im Hochsommer gibt es Plätze, an denen es mindestens zweimal monatlich fröstelt, wie an der Ruhrquellenhütte bei Winterberg. Der Gegensatz dazu befindet sich in der Toskana des Sauerlands – der Medebacher Bucht, in der oft sonniges und trockenes Wetter vorherrscht, sodass sich hier ein Paradies für die Tier- und Pflanzenwelt entwickelt hat.

Rund um die Ruhrquellenhütte finden sowohl Abenteurer als auch Ruhesuchende ihr Plätzchen. Im Sommer lädt die Mountaincart-Bahn zu einem sportlichen Erlebnis ein, bei dem es über 300 Meter und sieben Kurven den Berg hinuntergeht; vorher bringt einen der Sessellift den Berg hinauf. Von der Ruhrquellenhütte führt ein ruhiger Wanderweg zur Ruhrquelle, und für Speisen und Getränke sorgt die Hütte selbst. Im Winter laden die Pisten zum Skifahren und Rodeln ein.

Beschaulicher geht es dagegen in der Medebacher Bucht zu. Ein besonders idyllisches Fleckchen ist der kleine Ort Glindfeld mit seiner feinen Kapelle St. Laurentius aus dem Jahr 1884 und dem Charme des Gut Glindfeld, das bereits 1298 als mittelalterliches Kloster erbaut wurde. Im Gut finden heutzutage standesamtliche und freie Trauungen statt, und die anschließende Hochzeitsfeier kann auch vor Ort stattfinden. Daneben gibt es Raum für Tagungen, Veranstaltungen und Seminare. Im Hofladen kann zu bestimmten Zeiten Wildfleisch gekauft werden.

Ganz in der Nähe von Glindfeld befindet sich einer der Sauerländer Seelenorte, die »Himmelssäulen«. 38 Douglasien, die bis zu 63 Meter hochgewachsen sind, stehen in einer Baumreihe. Sie sind über 120 Jahre alt und werden als die größten Lebewesen des Sauerlands bezeichnet. Trotz ihrer erstaunlichen Höhe trotzen sie jedem Sturm und haben sogar den Orkan Kyrill überstanden. Sie können von der Kapelle in Glindfeld fußläufig erreicht werden.

Adresse Ruhrquellenhütte, Haarfelder Straße 101, 59955 Winterberg; St.-Laurentius-Kapelle, Glindfeld 13, 59964 Medebach | Anfahrt A 46 bis zum Ende der Autobahn auf Höhe Bestwig, über B 480 nach Winterberg, Ruhrquellenhütte links der Straße, Parkplätze sind vorhanden; nach Medebach: von der Ruhrquellenhütte auf L 740 Richtung Medebach, vor Medebach rechts nach Glindfeld, Parkplätze an der Kapelle | Öffnungszeiten Ruhrquellenhütte www.ruhrquelle.com, Gut Glindfeld www.gut-glindfeld.de | Tipp In Medebach befindet sich Europas längstes Spielgerät. Es ist 160 Meter lang und verläuft über 32 Höhenmeter. Die Rede ist von »Aventura«. Der Spielberg bietet Outdoorspaß für die ganze Familie (www.aventura-medebach.de).

107 Der Astenkick

Adrenalin pur im Rausch der Geschwindigkeit

Hier kommen Adrenalinjunkies auf ihre Kosten. Die zweitlängste Dual Megazipline Europas befindet sich in der Nähe des Kahlen Astens und bietet die perfekte Gelegenheit, sich einmal wie Superman zu fühlen und mit über 70 Stundenkilometern über 1.000 Meter durch die Luft zu fliegen.

»Hör dein Herz trommeln« lautet der Slogan des Astenkicks, und schon beim Anblick des Startturms und des ins Tal schwebenden Stahlseils bewahrheitet sich die Aussage. Ehrfürchtig fällt der Blick über die Konstruktion und den Abgrund. Man hat die Wahl, ob man dem Abenteuer liegend oder sitzend begegnen will. Runter kommt man immer, so auch hier. Startpunkt des rasanten Flugs ist in Winterberg-Altastenberg auf einer Höhe von 770 Metern über NN. Das Ziel in etwa einem Kilometer Entfernung liegt gute 125 Höhenmeter tiefer und ist durch die Schneise, die sich durch den Wald zieht und im Winter als Skipiste dient, bereits gut zu erkennen. Auf der Doppelseilrutsche können zwei Personen gleichzeitig nebeneinander an zwei parallel verlaufenden Stahlseilen ins Tal gleiten. An der höchsten Stelle fliegt man 50 Meter über dem Erdboden. Gebremst wird mit einem Magnetbremssystem, das jedem Flieger einen angenehmen Start, Flug und Landung ermöglicht. Am Ziel wartet das Bodenpersonal und bringt einen sicher wieder zurück zum Ausgangspunkt.

Seit 2018 ist die Megazipline in Altastenberg etabliert. Dabei war es gar nicht so einfach, eine Firma für den Bau der Anlage ausfindig zu machen, weil Ziplines bis dato in der Region kaum bekannt waren. Bis nach Tirol führte schließlich die Suche nach einem Hersteller für das Abenteuer.

Voraussetzungen zum Fliegen sind ein Mindestgewicht von 40 Kilogramm und maximal 130 im Liegend-Flug sowie 140 Kilogramm im Sitz-Flug. Die Mindestgröße beträgt 1,50 Meter, und Kinder müssen mindestens zwölf Jahre alt sein, dann steht dem Abflug nichts entgegen.

Adresse Astenstraße 75, 59955 Winterberg-Altastenberg | **ÖPNV** Buslinien S 40, 452, 463 bis Haltestelle Altastenberg, Kirche, noch etwa 150 Meter in Fahrtrichtung zu Fuß | **Anfahrt** A 46 bis zum Ende der Autobahn auf Höhe Bestwig; weiter über die B 480 nach Winterberg, hinter dem Ort rechts in Richtung Kahler Asten und Altastenberg, der Straße folgen bis zum Parkplatz auf der linken Seite kurz vor dem Ziel | **Öffnungszeiten** Di–So 10–17 Uhr, Anmeldung unter info@astenkick.de, Tel. 02981/9199158 | **Tipp** Wie in Bad Fredeburg gibt es auch in Altastenberg einen Disc-Golf-Park. Zwischen 9 und 15.30 Uhr können Disc-Golf-Scheiben im Haus des Gastes, Renauweg 23, ausgeliehen werden.

108__Adventure Golf

Das Sauerland im Miniaturformat erkunden

Das Sauerland umfasst in etwa eine Fläche von 5.500 Quadratkilometern. Nördlich des Mains ist es das größte zusammenhängende Urlaubs- und Erholungsgebiet. Es ist so groß, dass es sich unmöglich an einem Tag erkunden lässt. Doch in Winterberg wird vieles möglich gemacht, so auch die Erkundung der Highlights der Region in rund anderthalb Stunden.

Im Ortsteil Grönebach-Hildfeld befindet sich das Sauerland im Kleinformat. Zu finden ist es auf dem Adventure Golfplatz von Monique und Robin. Auf 20.000 Quadratmetern haben die beiden ihren Traum der Selbstständigkeit verwirklicht und betreiben neben dem Golfpark, einem Spielplatz und der Möglichkeit, Eisstockschießen im Sommer zu spielen, auch ein kleines Bistro und Café.

Das Herzstück der Anlage ist der Adventure Golfplatz, der, wie es sich für einen Golfplatz gehört, über 18 Löcher verfügt. Jedes Spielfeld ist liebevoll und individuell gestaltet und zeigt ein regionales und touristisches Highlight des Sauerlands, das natürlich auch auf Infotafeln erläutert wird. Wintersportliche Stationen verfügen über ein weißes Spielfeld, andere über ein natürliches Grün. Da im Sauerland (fast) kein Weg am Rothaarsteig vorbeiführt, ist diesem natürlich ein Parcours gewidmet. Spielerisch geht es über die Winterberger Bobbahn und die St. Georg Schanze. Auch das Thema Wasser kommt nicht zu kurz, weil im Sauerland wunderbare Talsperren zum Wassersport einladen. Stellvertretend kann man zur Abwechslung während der Golfrunde kurz ein Floß benutzen. Und weil in Winterberg allgegenwärtig Niederländisch gesprochen wird, gebührt auch dem Nachbarland ein Spielfeld. Wer kurz eine Pause benötigt, kann sich zwischendurch auf einer der gemütlichen Sitzgruppen niederlassen.

Die Anlage ist ein einzigartiger Hingucker. Sie bereitet Spielvergnügen für Groß und Klein und lässt die Region in kurzer Zeit kennenlernen.

Adresse Am Sportplatz 4, 59955 Winterberg-Grönebach / Hildfeld | **ÖPNV** Buslinien S 30, 452 bis Haltestelle Hildfeld, Hildfelder Straße | **Anfahrt** A 46 bis zum Ende der Autobahn, weiter über B 480 bis Niedersfeld, links auf die Grönebacher Straße und dieser bis ans Ziel folgen | **Öffnungszeiten** Hauptsaison: täglich 10 – 19 Uhr, Nebensaison: Di – So 10 – 18 Uhr, aktuelle Informationen unter: www.adventuregolf-winterberg.de | **Tipp** Die St. Georg Schanze in Winterberg kann auch im Original besichtigt werden. Von oben bietet sich ein spektakulärer Ausblick die Schanze hinunter und über die Region.

109 Der Barfußpfad

Mit der Natur auf Tuchfühlung gehen

Raus aus den Schuhen und mit der Natur auf Fußfühlung gehen – das ermöglicht der 600 Meter lange Barfußpfad in Langewiese. Der naturnah gestaltete Rundgang beginnt mit dem klassischen dreiminütigen Kneippen (Wassertreten) und führt anschließend über den abwechslungsreichen Untergrund vorbei an zwölf Erlebnisstationen. Mal wird über Eichenstämme balanciert, dann kitzeln der weiche Waldboden, kleine Hackschnitzel, Feinkies, Felsen oder Grobsplitt die Fußsohlen. Dazu kommen verschieden gepflasterte Flächen aus Naturstein, Kiesel und Holz. Parallel zum Barfußpfad verläuft eine Finnstrecke, die dazu einlädt, barfuß zu joggen.

Vorne am Tretbecken befindet sich eine Schutzhütte, in der sich auch Spinde befinden, in denen man Schuhe und Taschen einschließen kann, bevor es losgeht. So kann man sich in aller Ruhe den einzelnen Stationen widmen. Im Anschluss an die Barfußrunde sorgt ein Trog mit Regenwasserpumpe wieder für saubere Füße, und ein Kneipp'sches Armbad aktiviert auch gleich noch die Arme. So wird der gesamte Organismus gefordert.

Barfußlaufen ist für Groß und Klein ein Erlebnis und tut gleichzeitig noch etwas für die Gesundheit. Durch die Stimulation der unterschiedlichen Fußreflexzonen wird die natürliche Immunfähigkeit des Körpers unterstützt, da die Nervenenden an den Füßen eine reflektorische Verbindung zu den Organen und Körperzonen haben. Ein weiterer positiver Effekt ist die Stärkung der Fußmuskulatur durch das intensivere Abrollen des Fußes auf den verschiedenen Untergründen.

Der Barfußpfad liegt direkt am Rothaarsteig und ist somit ein idealer Ort zur Erholung und Entspannung während der Wanderung. In Langewiese selbst befinden sich zudem der hübsche Dorfgarten zum Verweilen, ein vielseitiger Kinderspielplatz, eine Bäckerei und Möglichkeiten zum Einkehren, sodass sich für einen Tagesausflug genügend Potenzial bietet.

Adresse Rothaarsteig, 59955 Winterberg-Langewiese | **ÖPNV** Buslinien R28, 451, B2 bis Haltestelle Langewiese, Bundesstraße, zu Fuß etwa 600 Meter den Wegweisern vom Rothaarsteig in Richtung Winterberg folgen | **Anfahrt** A46 bis zum Ende der Autobahn auf Höhe Bestwig; weiter über B480 nach Winterberg, der Straße weiter folgen bis Langewiese, Parkplätze befinden sich an der Schützenhalle, Bundesstraße 47, den Parkplatz zu Fuß nach hinten auf den Grenzweg/Rothaarsteig verlassen, rechts und noch 250 Meter | **Tipp** Ein Besuch des Kahlen Astens ist in der Region ein Must-do. Mit der Lennequelle befindet sich hier oben die höchstgelegene Quelle des Sauerlands.

110 Der Sauerland-Stabil-Stuhl

Der größte Stuhl der Welt

Der wohl größte Stuhl der Welt steht im Sauerland – es ist der Sauerland-Stabil-Stuhl. Acht Meter hoch ist der begehbare Sitzplatz, der, nachdem man die 23 Stufen erklommen hat, von oben ein großartiges Landschaftskino in alle Himmelsrichtungen bietet. Rund um die Uhr läuft hier der Film »Das Sauerland – Land der 1.000 Berge«, denn die Gipfel, die sich rund um den Königsloh (528 Meter über NN) erstrecken, sind kaum zu zählen. In den Tälern schlummern friedlich kleine Dörfer, und der Blick schweift weit über die Wiesen und Felder.

Der überdimensionale Stuhl wurde von dem heimischen Möbelhersteller Kusch & Co. erbaut und erinnert an den ersten, bereits 1939 in Serie gefertigten Stuhl des Unternehmens, den Sauerland-Stabil. Hergestellt wurde er in Kooperation mit dem Sauerland Höhenflug. Der Fernwanderweg verläuft vom Start in Altena über 191,6 Kilometer bis Korbach. Alternativ beginnt eine Strecke auch in Meinerzhagen und führt dann über 203 Kilometer ans Ziel. Unterwegs bieten sich den Wandernden zahlreiche schöne Aussichtspunkte.

In der Nähe des Sauerland-Stabil-Stuhls und des Sportplatzes von Liesen befindet sich mit dem Mittelpunkt des Stadtgebietes von Hallenberg ein weiteres lohnendes Ziel auf dem Lieser Kreuzberg. Eine Eisenskulptur, geschaffen von Werner Guntermann (Klosters) aus Hesborn, zeigt die Wahrzeichen der Hallenberger Ortsteile. Im Kleinformat schmiedete er neben dem Sauerland-Stabil-Stuhl auch die Heribert-Kirche, die Braunshauser Kapelle, den Hesborner Bollerbergturm sowie den Heidekopf-Aussichtsturm. An einem Tisch und zwei Bänken direkt daneben lässt sich Platz nehmen und die Aussicht auf Liesen genießen. Eine weitere Version des Heidekopfturms steht übrigens auch als kleines Wahrzeichen der Region in Hallenberg selbst. Sie wurde anlässlich des 775-jährigen Stadtjubiläums von den Hallenberger Handwerkern im historischen Ortskern erbaut.

Adresse Dorfstraße, 59955 Winterberg-Liesen | ÖPNV Buslinie R 44 bis Haltestelle Liesen, Ortsmitte, zu Fuß den Wanderwegweisern folgen | Anfahrt A 46 bis zum Ende der Autobahn auf Höhe Bestwig; weiter über B 480 nach Winterberg, dort weiter auf B 236 Richtung Hallenberg, vorher links auf die Dorfstraße nach Liesen, der Beschilderung zum Sportplatz folgen, bis der Stuhl in Sichtweite kommt | Tipp Die Freilichtbühne Hallenberg bietet in großartiger Naturkulisse Aufführungen für alle Altersklassen. 1.400 fast vollständig überdachte Sitzplätze laden die Besucher zum Erleben von Musicals und Theaterstücken unter freiem Himmel ein (www.freilichtbuehne-hallenberg.de).

111 Die Zwistmühle

Das Auenland liegt im Odeborntal

Mit ihrem großen Mühlrad, den dunklen Sprossenfenstern und dem schiefen Kamin sieht sie aus wie aus einem Märchen, die Zwistmühle im Odeborntal. Wäre »Der Herr der Ringe« im Sauerland gedreht worden, so wäre hier der perfekte Drehort für das Auenland gewesen. Wer vor der romantischen Mühle stehen bleibt, könnte meinen, urplötzlich in einer Phantasiewelt gelandet zu sein. Sie wirkt wie ein liebevoll konstruiertes Gebäude auf einer Modellbauanlage. Alles scheint ein bisschen schräg zu sein und wenig symmetrisch; sowohl der Schornstein als auch das Dach sowie die einzelnen Giebelseiten. Der gelb leuchtende Anstrich steht in einem aparten Kontrast zu den braunen Fensterrahmen und Holzelementen. Sie ist ein Hingucker an einer Stelle, an der man ihn nicht erwartet.

Die Zwistmühle liegt zwar in der Nähe von Winterberg, befindet sich aber an einer eher wenig befahrenen Straße, sodass man im Normalfall hier auf dem Weg durchs Sauerland kaum vorbeikommt. Die Landstraße, die von Züschen über Mollseifen bis Girkhausen führt, verläuft durch einsame Bachtäler; vorbei an der Ahre, der Berkmecke und schließlich dem Odeborn.

Erbaut wurde das Anwesen zwischen 1713 und 1727. Ihr Name ist auf die Grenzstreitigkeiten, den »Zwist« zurückzuführen, der einst zwischen katholischen Sauerländern und protestantischen Wittgensteinern herrschte. Beide Parteien, die Herrscher des Herzogtums Westfalen, der Erzbischof von Köln und die Grafen der Freigrafschaft Wittgenstein-Berleburg, erhoben Anspruch auf das Gebiet, was zu hartnäckigen Auseinandersetzungen führte. 1805 entschied sich der sogenannte »Winterberg Streit« zugunsten Wittgensteins, und doch sollte es 1975 anders kommen. Durch die kommunale Neuordnung wurde Neuastenberg zu einem Winterberger Ortsteil. Somit haben es die Sauerländer dann letztlich doch geschafft, das Territorium zu erobern. Allerdings müsste der Ortsteil hier eigentlich in Winterberg-Auenland umbenannt werden.

Adresse Zwistmühle 1, 59955 Winterberg-Neuastenberg | ÖPNV Buslinien 451, B 2 bis Haltestelle Neuastenberg, Abzweig, zu Fuß rechts auf L 721 bis zum Ziel | Anfahrt A 46 bis zum Ende der Autobahn, weiter auf B 480 bis Neuastenberg, hier rechts der Neuastenberger Straße ins Tal folgen und an L 721 erneut rechts bis zur Zwistmühle | Öffnungszeiten nur von außen zu besichtigen | Tipp Ein besonderes Gebäude befindet sich auch in Züschen. Borgs Scheune entstand 1791 und ist vollständig fensterlos. Heute befindet sich ein Museum in dem Fachwerkgiebelhaus (www.borgs-scheune.de).

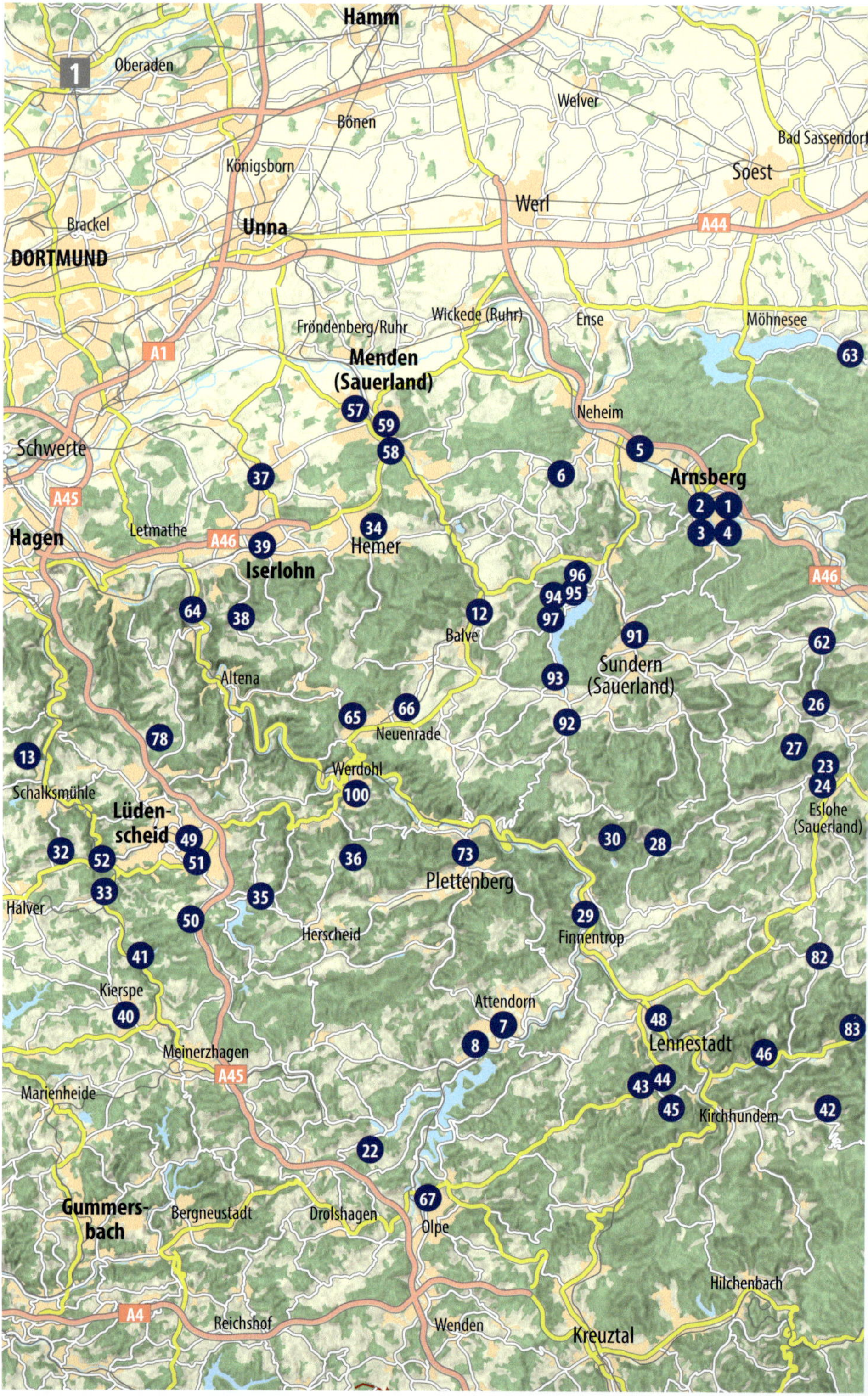
1
Hamm
Oberaden
Welver
Bönen
Bad Sassendorf
Königsborn
Soest
Werl
A44
Brackel
Unna
DORTMUND
Fröndenberg/Ruhr
Wickede (Ruhr)
Ense
Möhnesee
A1
Menden (Sauerland)
Neheim
Schwerte
Arnsberg
A45
Hagen
Letmathe
A46
Hemer
Iserlohn
Balve
Sundern (Sauerland)
Altena
Neuenrade
Werdohl
Schalksmühle
Lüden-scheid
Eslohe (Sauerland)
Plettenberg
Halver
Herscheid
Finnentrop
Kierspe
Attendorn
Meinerzhagen
Lennestadt
Marienheide
Kirchhundem
Gummers-bach
Bergneustadt
Drolshagen
Olpe
Hilchenbach
A4
Reichshof
Wenden
Kreuztal

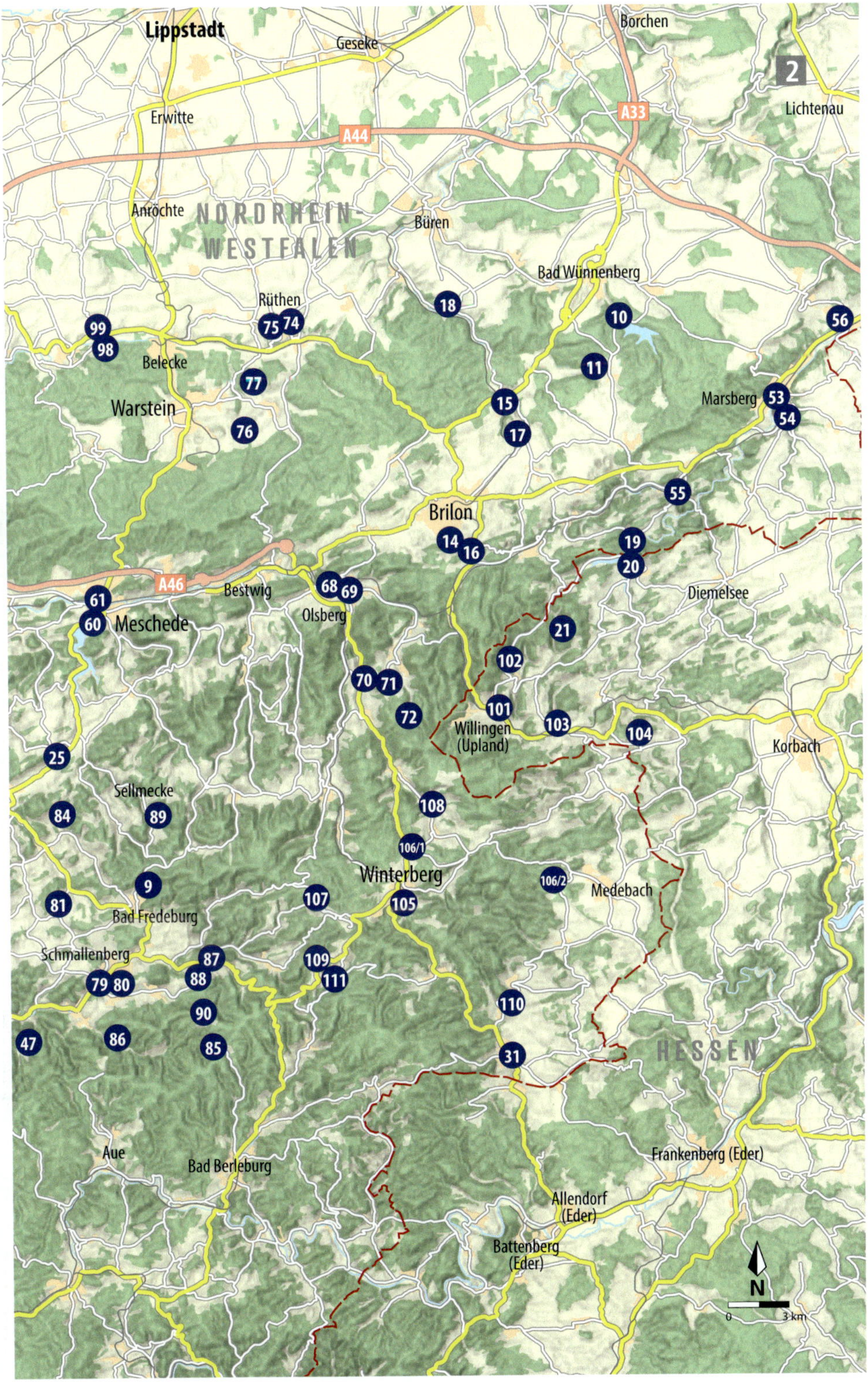
2
Lippstadt
Geseke
Borchen
Lichtenau
Erwitte
A44
A33
Anröchte
NORDRHEIN-WESTFALEN
Büren
Bad Wünnenberg
Rüthen
Belecke
Warstein
Marsberg
Brilon
A46
Bestwig
Olsberg
Meschede
Diemelsee
Willingen (Upland)
Korbach
Sellmecke
Winterberg
Medebach
Bad Fredeburg
Schmallenberg
HESSEN
Aue
Bad Berleburg
Frankenberg (Eder)
Allendorf (Eder)
Battenberg (Eder)
N
0
3 km
99
98
75
74
77
76
18
10
11
15
17
56
53
54
55
14
16
19
20
61
60
68
69
21
102
70
71
72
101
103
104
25
84
89
108
106/1
9
81
107
105
106/2
87
88
109
111
79
80
90
110
47
86
85
31

Peter Eickhoff
111 Orte am Niederrhein, die man gesehen haben muss
ISBN 978-3-7408-1802-9

Henrik Grotjahn
111 Orte in Münster, die man gesehen haben muss
ISBN 978-3-7408-0979-9

Jens Burmeister
111 Orte am Mittelrhein, die man gesehen haben muss
ISBN 978-3-7408-1745-9

Paul Stänner
111 Orte im Münsterland, die man gesehen haben muss
ISBN 978-3-7408-1833-3

Fabian Pasalk
111 Orte im Ruhrgebiet, die man gesehen haben muss
ISBN 978-3-7408-1853-1

Rüdiger Liedtke
111 Orte auf Zollverein, die man gesehen haben muss
ISBN 978-3-7408-1637-7

Bernd Imgrund
111 Kölner Orte, die man gesehen haben muss, Band 2
ISBN 978-3-7408-1831-9

Fabian Pasalk
111 Orte in Wuppertal, die man gesehen haben muss
ISBN 978-3-7408-1854-8

Alexandra Schlennstedt, Jobst Schlennstedt
111 Orte in Bielefeld, die man gesehen haben muss
ISBN 978-3-7408-1653-7

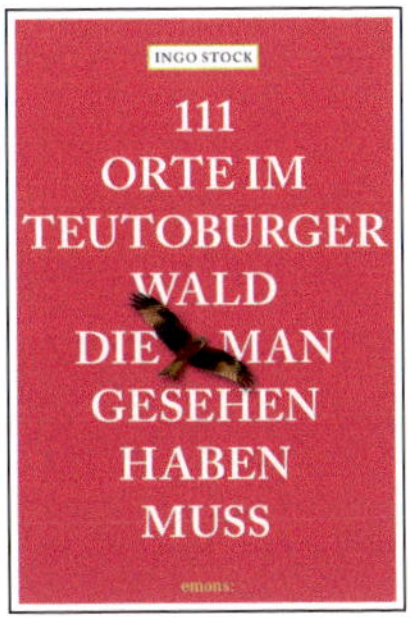

Ingo Stock
111 Orte im Teutoburger Wald, die man gesehen haben muss
ISBN 978-3-7408-1715-2

Bernd Imgrund
111 Orte in der Eifel, die man gesehen haben muss
ISBN 978-3-7408-1677-3

Alexandra Schlennstedt, Jobst Schlennstedt
111 Orte in Ostwestfalen-Lippe, die man gesehen haben muss
ISBN 978-3-7408-1648-3

Ralf Koss, Stefanie Kuhne
111 Orte im Bergischen Land, die man gesehen haben muss
ISBN 978-3-7408-1673-5

Martin Nusch
111 Mal mit WDR 2 raus in den Westen, Band 2
ISBN 978-3-7408-1465-6

Eckhard Heck
111 Orte in Bonn, die man gesehen haben muss
ISBN 978-3-7408-1418-2

Daniel Robbel, Horst Hohn
111 Orte im Westerwald, die man gesehen haben muss
ISBN 978-3-7408-1229-4

Klaus Hardering, Petra Sophia Zimmermann
111 Orte im und am Kölner Dom, die man gesehen haben muss
ISBN 978-3-7408-1296-6

Dorothee Fleischmann, Carolina Kalvelage
111 Orte im Weserbergland, die man gesehen haben muss
ISBN 978-3-7408-1511-0

Daniel Robbel, Dirk Unschuld
111 Orte im Ahrtal, die man gesehen haben muss
ISBN 978-3-7408-1370-3

Martin Nusch
111 Mal mit WDR 2 raus in den Westen
ISBN 978-3-7408-1191-4

Ursula Gilbert, Michael Klein
111 Orte im Siebengebirge, die man gesehen haben muss
ISBN 978-3-7408-1871-5

Jörn Heller
111 Orte in Siegen-Wittgenstein, die man gesehen haben muss
ISBN 978-3-7408-0976-8

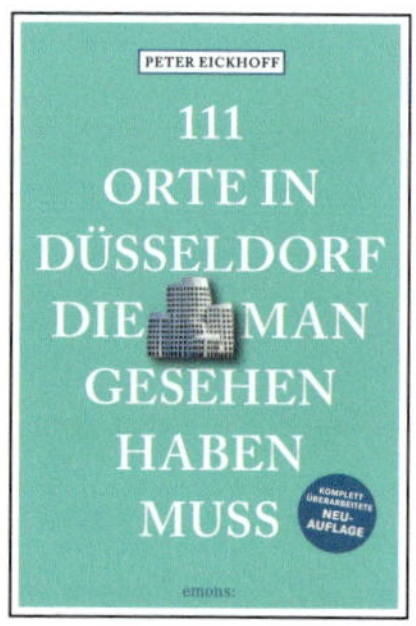

Peter Eickhoff
111 Orte in Düsseldorf, die man gesehen haben muss
ISBN 978-3-7408-0986-7

Carsten Sebastian Henn, Torsten Goffin
111 mal lecker essen in Köln
ISBN 978-3-7408-1181-5

Monika Schmitz
111 Kölner Kirchen, die man gesehen haben muss
ISBN 978-3-7408-0991-1

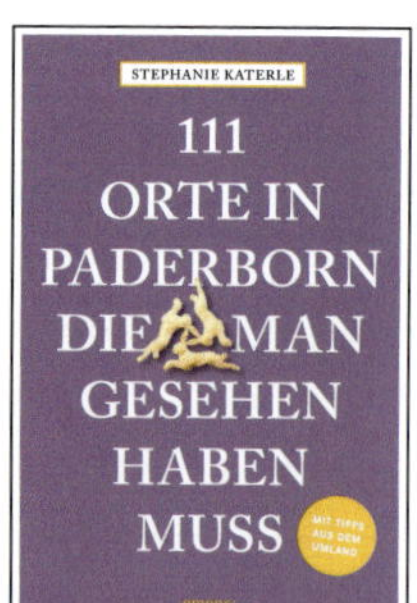

Stephanie Katerle
111 Orte in Paderborn, die man gesehen haben muss
ISBN 978-3-7408-0645-3

Rüdiger Liedtke
111 Heilige im Rheinland, die man kennen muss
ISBN 978-3-7408-0886-0

Bernd Imgrund
111 Kölner Orte, die man gesehen haben muss
ISBN 978-3-7408-0801-3

Ralf Koss
111 Orte in Dortmund, die man gesehen haben muss
ISBN 978-3-7408-0649-1

Garnet Manecke, Vera Anders
111 Orte in Mönchengladbach, die man gesehen haben muss
ISBN 978-3-7408-0606-4

Bernd Imgrund
111 Orte in der Eifel, die man gesehen haben muss, Band 2
ISBN 978-3-7408-0552-4

Bernd Franco Hoffmann
111 Eisenbahnorte im Rheinland, die man gesehen haben muss
ISBN 978-3-7408-0344-5

Christina Gruber, Gerhard Schmidt
111 Drehorte berühmter Filme & Serien in Nordrhein-Westfalen
ISBN 978-3-95451-928-6

Fabian Pasalk
111 Orte in Essen, die man gesehen haben muss
ISBN 978-3-95451-924-8

Ralf Koss, Stefanie Kuhne
111 Orte im Ruhrgebiet, die uns Geschichte erzählen
ISBN 978-3-95451-415-1

Fabian Pasalk
111 Orte im Ruhrgebiet, die man gesehen haben muss, Band 2
ISBN 978-3-95451-223-2

Bernd Imgrund
111 Orte im Kölner Umland, die man gesehen haben muss
ISBN 978-3-89705-777-7

Markus Danner
111 Orte in Leverkusen, die man gesehen haben muss
ISBN 978-3-95451-849-4

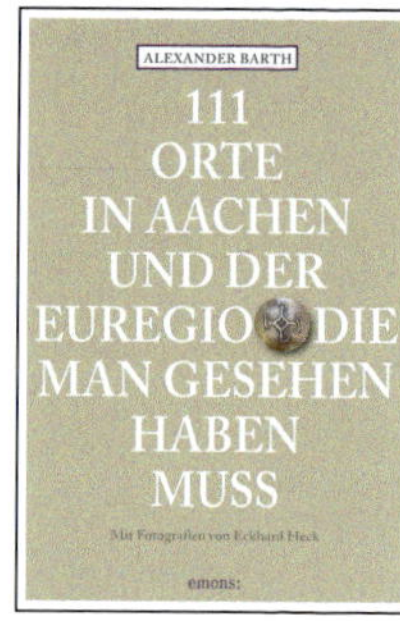

Alexander Barth
111 Orte in Aachen und der Euregio, die man gesehen haben muss
ISBN 978-3-89705-931-3

Dietmar Hoos
111 Orte in Kassel, die man gesehen haben muss
ISBN 978-3-7408-1879-1

Lothar Simmank
111 himmlische Orte in Hessen, die man gesehen haben muss
ISBN 978-3-7408-1494-6

Jochen Reiss
111 Orte in und um Göttingen, die man gesehen haben muss
ISBN 978-3-7408-1353-6

Christina Bacher
111 Orte in und um Marburg, die man gesehen haben muss
ISBN 978-3-7408-1225-6

Holger Grumt Suárez,
Roland Grumt Suárez
111 Orte in und um Gießen, die man gesehen haben muss
ISBN 978-3-7408-0971-3

Tim Frühling
111 Orte in Mittelhessen, die man gesehen haben muss
ISBN 978-3-7408-1232-4

Ulf Annel
111 Orte rund um die Wartburg, die man gesehen haben muss
ISBN 978-3-7408-0981-2

Ulf Annel
111 Orte in und um Gotha, die man gesehen haben muss
ISBN 978-3-7408-1636-0

Ulf Annel
111 Orte in Erfurt, die man gesehen haben muss
ISBN 978-3-7408-1635-3

Ulf Annel
111 Orte in und um Erfurt, die man gesehen haben muss
ISBN 978-3-95451-913-2

Matthias Pick
111 Orte in Jena, die man gesehen haben muss
ISBN 978-3-7408-1631-5

Tim Frühling
111 Orte in der Rhön, die man gesehen haben muss
ISBN 978-3-7408-1605-6

Tim Frühling
111 Orte an Main und Kinzig, die man gesehen haben muss
ISBN 978-3-7408-1345-1

Eva Wodarz-Eichner, Karsten Eichner
111 Orte in Wiesbaden, die man gesehen haben muss
ISBN 978-3-7408-1634-6

Stefanie Jung
111 Orte in Mainz, die man gesehen haben muss
ISBN 978-3-95451-041-2

Dina Knorr lebt und arbeitet mit ihrer Familie und zwei Border Collies im Ruhrgebiet. Seit 2016 berichtet sie in ihrem Blog »Borderherz« rund um das Wandern mit Kind und Hund. Das Sauerland hat sie mit all seinen Reizen kennen und lieben gelernt.